JN227428

「ゆっくり」でいいんだよ

辻信一
Tsuji Shinichi

★――ちくまプリマー新書
043

挿絵　岡部哲郎

目次＊Contents

第一部　時間がない！——ファストライフの秘密

第二部　時間のくにへ帰ろう――スローライフへのカギ

第一部　時間がない！——ファストライフの秘密

第一章　きみと時間の関係

人間だけが息つくひまなく
動きまわり
忙《いそが》しさとひきかえに
大切なものを
ぽとぽとと　落してゆきます

（茨木《いばらぎ》のり子「十二月のうた」より）

忙しい、時間がない

きみは時間と仲良し？　うまくつき合っているかな？　もし答えがイエスだったら、びっくりだ。それはたぶん、すごくめずらしく、幸せなことにちがいない。ぼくは思うんだけど、ぼくたちが生きているこの時代、ほとんどの人々が時間とうまくつき合えないで悩《なや》んでいる。それどころか時間を敵にまわしている人も多い。回りの人々と時間との関係がこんな状態では、今はうまくいっているきみと時間との関係にも悪い影響《えいきょう》が及《およ》ぶだろう。だから、時間について考えておくことは誰《だれ》にとってでも大切なんだ。

時間というものはありすぎても困るし、少なすぎても困る。つまり、ひまをもてあますのも困るし、忙しすぎて時間が足りないのも困る。そう、ぼくたちは考えている。両方困るのだが、しかしどちらがもっと困るかといえば、それは「ひまをもてあます」方だ、と多くの人が感じているようだ。なぜだろう？

それはたぶん、「ひまな人」のイメージがあまりに悪いから。ひまがあればそれこそ、時をたつのも忘れて、時間の心配もしないで、のんびりと、ただ好きなことをして過ごせるだろうに。でも世間はのんびりしている人には冷たい。ひまそうにしていると、ダラダラしているとか、ブラブラしているとか、いわれる。のんびりするのが好きな人は「ナマケモノ」と呼ばれる。きみもそう呼ばれたことがあるかもしれないね。もちろんきみはほめられたわけじゃない（わかっていると思うけど、念のため。「ナマケモノ」というのがほめことばなのは、わが「ナマケモノ倶楽部《クラブ》」だけだろうね、きっと）。

「すきま症候群《しょうこうぐん》」という変な名前の「病気」のこと、知ってる？　ぼくが勤めている大学にもそれにかかっている学生たちがいる。その症状とはこうだ。手帳の予定表がびっしりと用事でうまっていないと、そこにあいているすきまから、まるで冷たい風が吹《ふ》きこんでくるみたいで、不安でしかたがない。だから無理にでも用事をつくってすきまをうめようと苦労し、それがうまくいかないとまた苦しむ。これと似た「病気」に「こうしちゃいられない症候群」がある（これはぼくが勝手に名づけたのだが）。手帳にすきまなくスケジュールを書きこんでいるような忙しい人が、何をしているときにも、「こうしちゃいられない」という思いにつきまとわれて悩む。

「ひまと忙しいの中間くらいがいい」ときみは思うかもしれない。ぼくもそう思う。でも世間はなかなかそれを許してくれない。昔、カナダのモントリオールという、日本の都会よりずっとのんきな街に住んでいたころのことだ。ぼくはひまでもない、忙しくもない、というちょうどいい感じでくらしていた。あるとき、アルバイトの仕事で出会ったある日本人に「もう、そろそろきみも考えたほうがいいね」といわれた。そのひとはある大きな映画会社の部長で、三十歳《さい》を過ぎたのにちゃんと就職もせずに、外国で気楽に生きているぼくを年長者として叱《しか》ったのだった。別れぎわに彼《かれ》は、初対面とは思えない親しさでぼくの肩《かた》に手をおき、「がんばれよ」といった。彼のいう「がんばる」とはどういう意味だろう。たぶんそれは、「もっと忙しくしなさい」、ということだったと思う。

英語で「仕事」や「商売」をあらわすビジネス（business）ということばは、ビジー（busy）、つまり忙しいということばからきている。忙しければ忙しいほど、商売がうまくいって、お金がもうかる、というわけだ。だから、英語で話すとき、「商売の方はどう？」という質問に「ビジー！」と答える人はうれしそうにほほえみ、「スロー」と答える人はかなしそうに首をふるわけだ。日本でも仕事が忙しくて寝《ね》る時間もないときなどには、「うれしい悲鳴」などというでしょ。たまにならまだいいけど、そのうちにチョー忙しいのがあたり前になってくると、「うれしい悲鳴」はただの悲鳴になってしまうだろう。今の日本はそんな悲鳴でいっぱい。ぼくはそんな気がしてならない。

大人ばかりじゃない、最近は子どもたちも忙しそうだ。そして多くの子がそれを口に出していう。ちょっと昔のことをふり返ってみる。ぼくが子どもだったころ、ぼくははたして忙しかったかと、考えてみる。ひまじゃなかった。ひまをもてあまして困るとか、退屈《たいくつ》するとかいうことはほとんどなかったと思う。ぼくの毎日はいろんなことでいっぱいつまっていた。では忙しかったのかといえば、それはやはりちがうと思う。「忙しい」ということばを知らなかったわけではないと思うが、でも、そのことばが自分のくらしに関《かか》わることばだと思ったことはたぶんなかった。

ぼくの子ども時代と今のきみたちとどこが大きくちがうかというと、ぼくがあまりせかされていなかったことだ。たとえば、あのころのぼくは「遊ぶのに忙しかった」ということもできる。でもそれはきっときみたちが「塾《じゅく》や宿題や部活で忙しい」、というのとは意味がちがうだろう。ぼくは誰にもせかされていなかったと思うのだが、きみたちはどうだろう？　今の時代の子どもたちは、しょっちゅう「急げ」「速く」「グズグズしないで」とせかされている。ぼくがこれまでみてきた外国にくらべて、特に日本の子どもたちは忙しい。それだけきみたちの背中をうしろから押《お》したり、かりたてたりする力が強いのだ。親として、教師として、自分はこれまで子どもや学生をいったいどれだけせかせてきただろう。それを思うだけで冷《ひ》や汗《あせ》が出る。子どもたちをゆっくり待ってあげられる大人になりたいものだ。

では、せかされっぱなしの子どもたちはどう感じているのだろう？　せかされるのはつらいから、自分をせかす大人たちがいやになったり、のんびりひまそうにしている人にあこがれたりしそうなものだ。でも実際にはどうだろう？　ふしぎなことにそうならないことの方が多い。やっぱりひまな人のイメージはよくないのだ。忙しくないのは、その人が必要とされていないから、人気がないから、役にたたないから……だと、つい考えてしまう。最近の子どもたち同士の会話に出てくることばでいえば、忙しくない人は「存在うすい」と感じられてしまう。自分がもし人から必要とされない、つまり、いてもいなくても同じような存在だとしたら、それはあまりにもさびしい。だからそうならないように、子どもたちは「がんばる」。忙しそうな大人をモデルにして、自分も忙しくなろう、と考える。そこにしか自分の未来はない、と思う。こうして子どもたちは自分自身をせかすようになる。

ぼくたちはよく、「ああ、時間がほしい！」とか、「時間がない！」とかという。最近、自分が「どんどん忙しくなってゆく」と感じている人が多い。時がたつ速さを嘆《なげ》く人は大昔からいただろう。しかしそれにしても、時が加速度的に速くなっていくようで、何かがおかしい、と感じている人が増えているようだ。ぼくたちはたいがい「時間に追われている」か、「時間を追いかけている」かのどちらかだ。でも結局、このふたつは同じことらしい。さて、一度じっくり考えてみたほうがよさそうだ。「時間がない」とか「足りない」というのは、いったいどういうことなのだろうか？

何のための忙しさ？

どうやら忙しいことと忙しそうにすることとの間には大きなちがいがありそうだ。ぼくは、「貧しい」といわれているアジアや南米の国々を時々訪ねて、豊かな自然を守ろうとする現地の人たちのお手伝いをさせてもらっている。そうした国々にも、特に都会には、忙しい人たちがいる。でも忙しそうにしている人はめったにいない。たとえば、ほとんどの人が一日に百円もかせげないというミャンマーの村で、ぼくは村人たちがあくせくしたり、イライラしたり、「時間がない！」といったりするのをみたことがない。

それはぼくたちがイメージする「余裕《よゆう》のある生活」というのとはちがうのだが、でもみんなそれなりにゆうゆうと、穏《おだ》やかにくらしているようにみえる。

もちろん、こういうことをいうと、いろんな反論がぼくにむかって投げつけられるだろう。「きみは貧しいことがいいことだというのか。貧しくて学校にも病院にも行けない人もたくさんいるし、きれいな水や食べものがなくて死んでいく人もたくさんいるのに?」。もちろん、貧しさにもいろんな種類があるし、程度のちがいもあるから、ぼくはただいちがいに貧しさがいいとか悪いとかいうつもりはない。ぼくはただ自分の経験にてらして、こういいたいだけだ。「貧しくてかわいそうだ」といわれている人たちのほうがのんびりとくらし、「金持ちで豊かだ」といわれているぼくたちのほうがあくせくとくらしているということは実際にある、と。

これは世間の常識とはくいちがっている。だって、忙しそうに勉強したり、働いたりしている人たちの中には、「金持ちになってあくせくしないでのんびりくらすためにこうしてがんばっているんだ」と考えている人が多いのだから。このくいちがいに気づいていた人は昔からたくさんいたようだ。今から二千四百年ほど前、古代ギリシャの哲学《てつがく》者《しゃ》ディオゲネスは樽《たる》の中に暮らしていたという変わりもので、働きもせずいつもブラブラしていた。あるとき、働かない理由をきかれた彼は、「じゃあ、あんたはなんで働いているの」ときき返した。相手は、「お金をためて、働かなくてものんびりゆうゆうとくらせるようになるためさ」という。それをきいたディオゲネスは、「ああ、それなら私《わたし》はもうやってるよ」

これとそっくりの話は江戸《えど》時代の小ばなしにも出てくるし、世界各地にある。ぼくはエクアドルでこんな笑い話をきいたことがある。アメリカ人のビジネスマンが湖のほとりにやってきた。一そうの小舟《こぶね》が浮《う》かんでいる。まるで絵のような美しい風景。みると、その舟の上で漁師がうつらうつら。ビジネスマンは心配になって「もっと魚をとらなくていいのか」ときく。「もっととるといいことがあるかね」と漁師はきき返す。

「そりゃ、もっととればもっとお金がかせげるだろ」

「もっとかせぐといいことがあるかね」

「そりゃ、かせいだ金でもっと大きな網《あみ》も買えるし、もっと大きな舟も買える。そしたら、もっとたくさん魚がとれて、もっとお金がもうかる」

「そんなにお金がたくさんあったらいいことがあるかね」

「そしたら、もう金の心配もなく、のんきに舟でも浮かべて釣《つ》りでもしながら、遊んでくらせるじゃないか」

「それこそ、おれがやっていたことさ。あんたにじゃまされるまではね」

「時間がない」という悩みを抱《かか》えながらも、ぼくたち「先進国」の住人たちは、まあ、それはしかたのないことだ、とあきらめてきたのだと思う。どんなに忙しくて、疲《つか》れていても、それは仕事のない状態よりはましだし、貧しくて食べものに困るよりはましだ、と思いこんできたのかもしれない。もう、家族といっしょに過ごす時間もなく、友だちとのんびり語り合う時間もないけど、ま、いいか、豊かで金持ちなんだから、と。

「先進国」の人たちは「貧しい」国のことを「後進国」と呼んで見下《みくだ》している（それじゃ失礼だというので、最近は「発展途上国《とじょうこく》」といいかえたりするけど、これだってやっぱり失礼だとぼくは思う）。その見下しかたは、大人が子どもを見下すのに似ている。「先進」、つまり、「先に進んでいる」大人は、時間がないことくらいがまんしなくちゃ、というわけだ。「後進」、つまり後からこっちのほうに向かって進んでくる子どもは、今のうちはそれこそ子どもっぽくのんきにしていられたとしても、やがて大人になれば今のわれわれのように忙しく働かなければならない。それが人生というものさ、と。

われらパパラギの不幸

では、「後進国」と呼ばれている地域に住む人々の目から見ると、こんなふうに考えている「先進国」の大人たちは、いったいどんなふうに見えるのだろう？　ぜひきみにも読んでもらいたい『パパラギ』というすてきな本がある。今から百年ほど前、南太平洋の島に住むツイアビという人が、世界で最も「進んでいる」ヨーロッパを訪ね、そこで見たこと、感じたこと、考えたことを、帰ってから島の仲間たちに話してきかせた。その話をまとめたのがこの本だといわれている。題名の「パパラギ」とは、島のことばで白人とか、ヨーロッパ人とか、文明人とかを意味する。パパラギのくらしぶりや考えかたにはツイアビさんをびっくりぎょうてんさせることがたくさんあった。なかでも彼が驚《おどろ》いたのはパパラギが「時間」に対してどういう態度をとるか、だった。

たとえば、ツイアビさんはこういっている。

「パパラギは時間について大騒《おおさわ》ぎするし、愚《ぐ》にもつかないおしゃべりもする。といって、日が出て日が沈《しず》み、それ以上の時間は絶対にあるはずないのだが、パパラギはそれでは決して満足しない」

ツイアビさんの報告によれば、パパラギはいつも時間が足りないことを嘆き、天に向かって「もっと時間をくれ！」と不平をいう。彼が見たヨーロッパにはひまのある人はほとんどいなかった。誰もが、「投げられた石のように人生を走」っていたという。ツイアビさんにとって不思議だったのは、パパラギたちが時間を「時」「分」「秒」と細かく切り刻んでいって、しまいに粉々にしてしまうこと。そして子どもから大人まで、どこへ行くにもこの細かくした時間をはかるための機械を身につけて歩くこと、だ。そうしてパパラギはいつも時間の後を必死に追いかけまわして、時間に「日なたぼっこのひまさえ与えない」。彼の住む南の島では、誰ひとり時間に不満をもったり、時間を追いかけまわしたり、時間を虐待《ぎゃくたい》したりするものはいないのに、とツイアビさんはいう。

で、そんなことをしていて、結局、誰が得をするのだろう？　いや、誰の得にもなりはしない。誰ひとり幸せにはなれない。ではなんで？　ツイアビさんは結論した。これは伝染病《でんせんびょう》の一種にちがいない、と。彼をそれほどびっくりさせたヨーロッパは、まだ人々が馬車で行き来していた時代だった。それから百年、パパラギは「より速く」、「より早く」を合言葉に、自動車や飛行機で人やモノが行き来し、コンピューターで情報が行き来する時代をつくってきた。そんな現代のパパラギの様子を見たら、ツイアビさんはいったいなんというだろう。もちろん、ぼくたちも立派《りっぱ》な（?）パパラギだ。しかも時間病という伝染病については、残念ながら、ぼくたち日本人はもっとも重い患者《かんじゃ》だというしかない。

　ツイアビさんはぼくたちの先祖である百年前のパパラギを哀《あわ》れんで、時間病から救ってあげたいものだと思ってくれた。彼はこういっている。

「パパラギの小さな丸い時計機械を打ちこわし、彼らに教えてやらねばならない。日の出から日の入りまで、ひとりの人間には使いきれないほどた

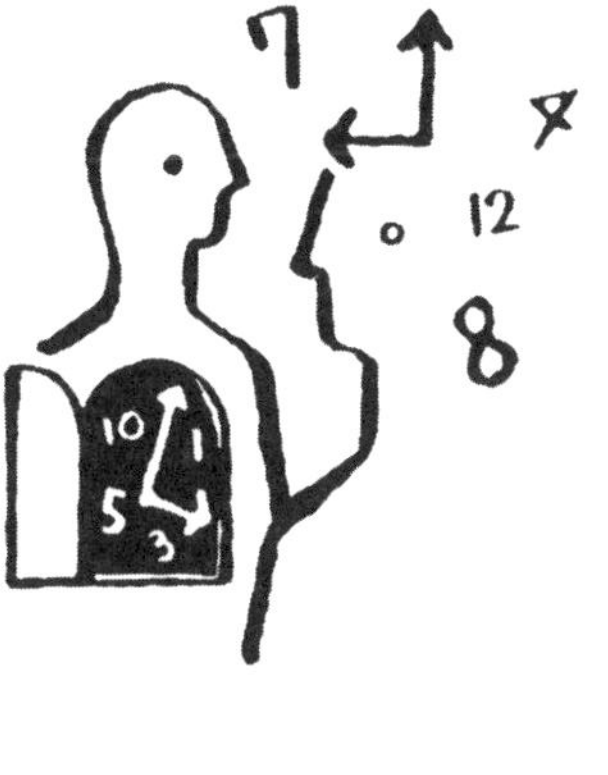

くさんの時間があることを」

さて、きみにはできるかな。腕時計《うでどけい》を、ま、打ちこわさないまでも、腕からはずして引き出しの奥深《おくふか》くにしまいこむ。それでも部屋という部屋には時計があるし、携帯電話《けいたいでんわ》にも時計がついているから、ついつい時計が目に入ってしまう。ふだんの生活は時間にそって組み立てられているから、時計を気にしないで生きるのはなかなかむずかしい。でも、まず休みの日くらい丸一日、時計を見ないで過ごしてみたらどうだろう。

時計であらわされる時間というのは、地球のすみずみにまで広がった巨大《きょだい》なシステム。一度それに組みこまれてしまったら、そう簡単にそこからぬけ出ることはできない。でも週に一度の「時計を見ない日」が、きみに想像力を与《あた》えてくれるかもしれない。ディオゲネスやミャンマーの村人たちやツイアビさんのように、そのシステムの外にある人が時間というものをどう感じているのか、を想像する力を。ついでに、その人たちから、ぼくたちのくらしぶりがどのように見えるか想像する力を、ね。

第二章　時間ドロボーは誰《だれ》だ!?

ゆっくり歩けば歩くほど、はやくすすみます。いそげばいそぐほど、ちっともまえにすすめません。

（ミヒャエル・エンデ『モモ』より）

モモと時間泥棒《どろぼう》

ぼくたちのくらしているこの社会には、まるでそれがあいさつであるかのように、よく「ああ、忙《いそが》しい」とか、「時間がない！」とかということばがとびかっている。みんなあくせくしていて、おたがいのことを思いやったりする余裕《よゆう》もないみたいだ。あせっている。やさしくない。短気で、すぐキレル。前の章では百年前に南の島からヨーロッパへ旅して、そこに住む人々（パパラギ）の時間についての奇妙《きみょう》な態度について語ったツイアビさんのことを紹介《しょうかい》したね。でも、そんな昔をふり返ったり、遠い島のくらしをもち出さなくても、ぼくのこれまでの人生をふり返ってみただけで、この時間不足という不思議な現象がだんだんひどくなってきていることがわかる。それはまるでどっかに穴があいていて、時間がそこからもれてなくなっていくような感じだ。いや、まてよ、これは誰かのしわざかもしれない。そうだ、きっと誰かが時間を泥棒しているにちがいない。

時間泥棒といえば『モモ』だ。それはミヒャエル・エンデというドイツの作家が一九七三年に書いた物語。あらすじを紹介しよう。ある日、どこからともなく現れたモモという少女が、都会の外れにある古代の円形劇場の廃墟《はいきょ》に住みはじめる。昔はこういう子のことを浮浪児《ふろうじ》といった。今なら、子どものホームレス？　まもなくモモのまわりに町の人々が集まるようになる。その人気の秘密は、モモが「ほかに例のないすばらしい才能」をもっていることだ。それは何かというと、相手の話をただじっときいてあげることができるという才能。大ゲンカをした男たちもモモの前にやってくると仲直りすることができる。モモがやったことはといえば、ふたりがにらみ合いをやめて話しはじめるまで、ただじっと待つこと。そして話しはじめたら、じっと耳をかたむけること。

人間ばかりではなかった。小さな男の子が歌を忘れたカナリアをつれてきたときにも、モモは、その鳥がまた楽しそうに歌い出すまで一週間、じっとそばで耳をすましていなければならなかった。

「モモは犬や猫《ねこ》にも、コオロギやヒキガエルにも、いやそればかりか雨や、木々にざわめく風にまで、耳をかたむけました。するとどんなものでも、それぞれのことばでモモに話しかけてくるのです」

自分をとりまく人々の、そして世界のさまざまな声をきく。そのためには相手を待ってあげる必要がある。モモはそれをめんどうくさがらない。待つことには時間がかかる。その時間をモモはおしまない。

「なんであれ、時間というものが必要です——それに時間ならば、これだけはモモがふんだんに持っているものなのです」

同じころ都会には、灰色の男たちがあらわれ、しだいに人々のくらしの中に入りこんでいた。彼《かれ》らは時間貯蓄《ちょちく》銀行からきたものだという。ぼくたちの都会にある銀行が大人たちにこうささやきかけるのを君は聞いたことあるんじゃないかな。「お金をあずけなさい、そうすれば安全だし、利子がついてあずけたお金がふえるから」。灰色の男たちがいうのはこれとよく似ている。「今むだにしている時間を倹約《けんやく》して、私たちの銀行にあずければ、それに利子というものがついて、あずけた時間がどんどんふえて、あなたは使いきれないほどたくさんの時間をもてるようになる」

たとえば、とこやのフージーさんに時間貯蓄銀行員を名のる男は、時間の倹約のしかたをこう説明する。ひとりの客に一時間もかけないで十五分ですますこと。店に正確な大きい時計をかけて、使用人の仕事ぶりをよく監督《かんとく》すること。また次のようなむだなことをけずったり、やめたりして、それに使われる時間を少なくすること。ゆっくり食事をする、年とったお母さんとおしゃべりする、ペットのボタンインコの世話をする、映画を見にゆく、合唱団の練習に出る、飲み屋で酒を飲む、友だちと会って話す、本を読む、花をもって好きな女の人を訪ねる、寝《ね》る前に窓辺にすわって一日のことを思い返す……。こんなことのために人生の貴重な時間を使うのをやめにして、節約した分の時間を銀行にあずけることだ、と灰色の男はフージーさんにせまった。

時間を節約すれば何倍にもなってもどってくる！　そう信じたフージーさんは灰色の

男のすすめにすべてしたがった。さて、フージーさんになにが起こったか。

「彼はだんだんとおこりっぽい、落ちつきのない人になっていきました。……彼が倹約した時間は、じっさい、彼の手もとにはひとつものこりませんでした。魔法《まほう》のようにあとかたもなく消えてしまうのです。彼の一日一日は、はじめはそれとわからないほど、けれどしだいにはっきりと、みじかくなってゆきました。あっというまに一週間たち、ひと月たち、一年たち、また一年、また一年と時が飛びさってゆきます」

とこやのフージーさんに起こったことが、都会中の大人たちにおこっていく。時間の節約をする人の数はどんどん増えていった。節約すればするほど、時間はどんどん速く過ぎていく。すると人々はますます必死になって時間を節約するようになるのだった。ラジオもテレビも新聞も、時間を節約するためにつくられた、いろいろな新しい機械を宣伝する。こういう便利な機械を使えば、誰でも時間のゆとりを得ることができる、というわけだ。街の電光掲示板《でんこうけいじばん》にも、次のような合言葉が光った。「時間節約こそ幸福への道！」、「きみの生活をゆたかにするために――時間を節約しよう！」、「時は金なり――節約せよ！」……

そんな大人たちの姿を見て、はじめのうちはバカバカしいと思っていた子どもたちも、やがて、「子どもの家」という名の施設《しせつ》に収容されてしまう。そして子どもらしさをなくして、「大人しく」なっていく。遊びは何の役にもたたない、貴重な時間のむだ使いだと見なされる。悲しいことにこの街の様子は、大人も子どもも忙しく仕事や受験勉強に追われている現代の日本とそっくりだ。こんな中でモモだけが、時間泥棒という灰色の男たちの正体を見ぬく。そして、人々から盗《ぬす》まれた時間をとりもどすために、泉のように時間がわき出ている「時間の国」へとはるかな旅に出る。

「急げ、もっと速く」とささやく者

さて、あとは読んでのお楽しみ、ということにしよう。きみに、ここでこう自問してみてほしい。きみのまわりにあやしい奴《やつ》はいないか？　きみの住む街にもし時間泥棒がまぎれこんでいたら、きみははたして気がつくだろうか？　そして、きみは彼らにだまされずにすむだろうか？

ぼくの知り合いのカメラマンで、脳性《のうせい》マヒというからだの障《しょう》がいをもつ岩田さんにこ

んな話を聞いた。ある夜、岩田さんが電車を降りて駅の階段を一段一段ゆっくりとのぼっていた時のこと。ひとりの酔《よ》っぱらいが、彼の後ろにぴったりとはりつくようについてくる。そして、耳元に酒臭《さけくさ》い息をかけながら、こうつぶやき続けた。「急げ、もっと速く」。障がいのせいでいつもゆっくりと歩き、自分のペースを守ることを大切にしている岩田さんは、ぼくなんかよりずっとがまん強い人だ。その彼でも、さすがに頭にきたのだろう、しまいに後ろをふり向いてどなった。すると酔っぱらいは、そそくさとその場を離《はな》れ、夜の街に消えていった。

この岩田さんの経験談を、ぼくはよく思い出す。そして、思う。あの酔っぱらいは、モモに出てくる灰色の男たちの仲間なのではないか、と。よく考えてみれば、岩田さんだけではなく、ぼくたちは誰だって「急げ、もっと速く」、と耳元でささやく声をきいたことがあるはずなのだ。そんな時、ぼくたちは後ろをふり向いてみるのだが、そこには何も見えない。岩田さんやモモには見えるものが、ぼくたちには見えないだけなのかもしれない。時間泥棒はすでに世界のいたるところにまぎれこんでいるのだろう。いや、もしかしたら、もうぼくたちのこころの中に住みついてしまっているのかも？　つまり、時間泥棒はぼくたちの一部なのかもしれない。

節約した時間はどこに消えるのか?

それにしても不思議だ。ぼくたちの社会では、ひっきりなしに新しい電化機器やハイテク製品があらわれてもっと便利な生活を約束する。そしてぼくたち消費者はそれら新製品の登場を喜んで迎《むか》え、せっせとはたらいてお金をかせいでは次から次へと手に入れる。ハイテクとは、ハイテクノロジー、つまり、高度な技術という意味だ。「技術革新」を合言葉にぼくたちの社会はますます高度な技術を求めて、つき進んできた。テクノロジーはつねに、時間を節約することをめざす。時間を節約すれば、その浮《う》いた分の時間をぼくたちはもっと楽しくて有意義なことのために使える、というわけだ。さて、時間の節約のためのさまざまな機器で自分の家や仕事場をいっぱいにしてきたぼくたちは、それだけ多くの時間を倹約して自分のものにできるはずだった。だが実際にはどうだろう。このぼくたちの忙しさはいったいどうしたわけだ? 節約した時間で「時間もち」になるどころか、ますます「時間貧乏《びんぼう》」になっていくではないか。

二十世紀を代表するテクノロジーといえば自動車。今ではもう誰も自動車のない世界なんか想像することもできない。こんなに便利ですてきなものはほかにない、ときみも思っているんじゃないかな。今も世界中で毎年四千万台の新車が生産されている。アメリカや日本の企業《きぎょう》は、巨大《きょだい》な広告費を使って自動車を売りまくっている。その自動車が世界中に深刻な問題を引き起こしていることをきみは考えたことがあるだろうか。道路上の交通事故による死者は、世界で一年に八十八万五千人。自動車などが引き起こす大気汚染《おせん》による病気で死ぬ人の数は、一年に三百万人に及《およ》ぶと言われる。自動車が走るためには、道路が必要だ。その道路をつくるためには、多くの資源が必要だし、周辺の環《かん》境《きょう》も壊《こわ》される。自動車がはき出すガスによる大気汚染や、地球温暖化への影響《えいきょう》も大きい。そして自動車を走らせるためには大量の石油が必要で、それを安い値段で手に入れるために国や企業が競《きそ》い合《あ》い、そのために戦争さえ起こしてきた。これらは、すべて「便利ですてき」に見える自動車というテクノロジーの舞台《ぶたい》の裏にかくされている費用《コスト》だ。ぼくたちの時間の節約のためのこの気の遠くなるような費用を、いったい誰が払《はら》うことになるのだろう。それを考えると、もうあの機械に「自動車」なんていう名前はもったいないと感じられる。世界中にこれだけ大きな問題をばらまいておいて、「自ら動く車」だなんて！

でもまあ今は、これらすべての問題を横に置いておいて、自動車が省いてくれたはずの時間がどこに行ってしまうのか、という点にしぼって考えてみよう。Aさんが車を買う。これで通勤や、子どもの送り迎えや、買い物がずっと楽になる。つまり、これらの用事がもっと速く（より短い時間で）、簡単に（より少ない労力で）できる、とAさんは考えたはずだ。しかし彼はそこでホッとして、車が節約してくれた時間を余暇《よか》としてのんびり過ごすだろうか。たぶん違《ちが》う。せっかく車という便利なものがあるのだから、とせっせといろいろな所に、もっと頻繁《ひんぱん》に出かけるようになるだろう。今まで行けなかったような遠くて不便な場所へも出かけていこう、と。つまり、車をもつことでAさんが手にいれたはずの時間は、その車でより多くの距離《きょり》を走るために使われるだろう。時がたつにつれて、距離というものについてのAさんの感じ方は大きく変わっていき、以前にはとても遠く感じられた場所がもう遠くない。しかし逆に、以前は平気で歩いていたような場所が、あまりに遠くて車でなければ行けないように感じられたりもする。これじゃあいくら道路をつくっても、混雑がなくならないわけだ。

魔法使いの弟子《でし》たち

自動車だけではない。新しいテクノロジーによって節約された時間は、もっと多くの距離を走り、もっと多くの場所に行き、もっと多くの人と会い、もっと多くの情報を得て、もっと多くのビジネスチャンスをつかみ、もっとお金をかせぐために使われるだろう。実際、人間が移動するのに使われる飛行機、車、船などの交通手段のうち、六〇％はビジネス、つまり個人的な理由ではなく商売や仕事のために使われているのだ。

節約した時間を使って働きかせいだお金で、もっと時間を節約するためのハイテク機器を買うこともできる。実際、インターネットや電子メールや携帯電話《けいたいでんわ》によって移動する情報の量とスピードは、ひと昔前にはとても想像できなかったほどだ。しかもそのスピードはどんどん増していくばかり。こうした新しいテクノロジーのおかげでぼくたちがすごい量の時間を節約できたことはまちがいない。ところがその反面、インターネットの登場によってぼくたちの生活が前より忙しくなり、その忙しさは放っておけばますますひどくなるばかりだというのもたしかなことだ。

では後もどりすればよさそうなものだが、もう社会全体が今のスピードを基準にして動いている以上、そこからひとりだけぬけ出すことはむずかしい。後もどりどころか、そこにじっととどまっていることさえむずかしい。それに、ひと昔前に想像できなかったスピードに慣れてしまうと、こんどはひと昔前のスピードがどんなものだったかがなかなか思い出せなくなるものだ。つまり、インターネットも電子メールも携帯電話もなかったひと昔前の自分たちが、どうやってそれなりにくらしていたかということが、わからなくなってくる。ぼくたちはスピードに酔っているにちがいない。もう、自分がどこからやってきてどこへと向かっているのか、がわからない。

ドイツに昔から伝わる「魔法使いの弟子」というお話がある。魔法使いの弟子になったフンボルトはある時、先生の留守中《るすちゅう》に覚えたての魔法をつかってほうきにそうじや水くみをさせようとする。自分でやるのがめんどうくさかったのだ。働きはじめたほうきはせっせと井戸《いど》から水をくみ上げる。そこで、はたとフンボルトは気がついた。かけた魔法をどうやってとくのかをまだ習っていなかったのだ。ほうきがくみ上げ続ける水で家は洪水《こうずい》になってしまう。

テクノロジーというのは魔法のようなものだ。ただ、昔の技術はとても長い時間をかけて生み出された。何十年、何百年、時には何千年という時間をかけて。試行錯誤《しこうさくご》ということばをきみは知っている？　いろいろ試《ため》してみて、失敗をくり返しながら、問題点を直して、だんだん解決に近づいていくやり方のことだ。昔の技術はそうやってゆっくり進歩した。しかし、そのペースが二百年ほど前から急激に加速する。ペースが速ければ速いほど、科学技術は魔術に似てくる。今ではもう、試行錯誤なんてのんびりしたことをいっていられない。どうやってとくのかわからない魔法をどんどんかけるようなものだ。変化のペースが速すぎて、どこでだれがどんな新技術を発明しているかもう誰にもわからない。

現在世界中で、毎週、わかっているものだけで三千種類の新しい化学物質が人工的につくり出されているそうだ。そのひとつひとつが安全かどうかを調べる必要があるのだが、いちいち一年も二年もかけて安全性を調べているわけにはいかないというので、調べずにどんどん新しい化学物質をつくる。というわけで、あっという間にあのフンボルトが引き起こした洪水みたいに、世界中が化学物質の洪水になってしまう。しかしフンボルトの場合とちがうのは、これがたとえ話ではないということ。事実、ぼくたちの地球はありとあらゆる汚染物質の洪水だ。

時間泥棒の正体は？　その答えはどうやら、テクノロジーという魔法の中にかくされているらしい。その魔法をあやつるのは、ほかでもない、ぼくたち人間自身だ。しかしそのぼくたちはみんな、魔法を習いたての「魔法使いの弟子」。魔法をかけることはできても、それをどうやって止めるか知っている者はほとんどいない。

第三章　時間戦争

すでに第三次世界大戦は始まっている。……それは領土や宗教をめぐるものでなく、われわれの子孫を破滅《はめつ》に導く時間の戦争……。

（ミヒャエル・エンデ『エンデの遺言《ゆいごん》』より）

「自然時間」と「社会時間」

こんなふうに考えてみたらどうだろう？　時間には大きく分けてふたつの種類がある。ひとつは「自然時間」、もうひとつは「社会時間」。まず自然時間からみていこう。そこには、四十七億年ともいわれる地球誕生以来の歴史、四十億年ともいわれる生物誕生以来の進化の歴史といった、ぼくたちには想像することもできないほど長くゆっくりとした時間の流れが含《ふく》まれる。生物は三十億年以上かけてやっと陸に上がり、恐竜《きょうりゅう》たちの足元でうごめいていた哺乳類《ほにゅうるい》の中から現れた霊長類《れいちょうるい》は、枝分かれの末に人類を生み出した。

それはつい六百万年の昔。地球の歴史の中でいえば、ほんの一瞬《いっしゅん》のことだ。

自然時間には、産まれ、成長し、子を産み、老いて、死ぬ、ひとつひとつの生きものが生きる時間というものもある。また、山には山の、川には川の、海には海の時間というものもある。水は大きな時間の環《わ》の中をいつもゆっくりと動いているようだ。雨が降る。水の一部は土にしみ入り、時間をかけて地下水となり、やがてまた地面から湧《わ》き出し、小さな川となって大きな川へと注ぎ、しまいには海へと流れこむ。また、雨水の一部は蒸発し気体となって大気の中に戻《もど》り、やがて雲となり、また雨となって海や陸の上に降り注ぐ。地球上のあらゆるものは、生態系というシステムの中にあって、お互《たが》いに密接に関係し、影響《えいきょう》しあいながら生きている。生態系という時間の枠組《わくぐ》み（エコロジー時間）の中にすべてのものが生きている、といってもいい。地球全体がひとつの生きもののような存在だと考える科学者たちもいる。だから、エコロジー時間を「地球時間」と呼ぶこともできるだろう。

もうひとつの社会時間の方はどうだろう。ぼくはこんなふうに考えている。人間は生きものの一種でありながら、高度に発達した頭脳を使って、自然界のさまざまな要素を資源として生存のために活用する方法をあみ出し、また、言語という複雑なコミュニケーションの手段を使って、お互いが深く関《かか》わりあう社会というしくみをつくり出してきた。その結果、自然時間の枠組みの中にありながら、他の自然時間とは区別された、人間世界独特の時間である「社会時間」ができた。人間の集団が、自然の恵《めぐ》みをたくみに生かしながら自分たちの社会の存続をはかる方法を経済という。その昔、経済というものは自然の時間といかにうまくつき合うかという社会的な知恵《ちえ》だったのだ。

しかし、いつごろからか経済は社会時間の枠組みから外れて、一人歩きするようになった。それまで自然時間の枠の中にあった社会時間は、変化するとしても、自然のペースを無視したり、それに逆らったりすることはなかったから、変化のスピードはいつもゆるやかで、おだやかなものだった。しかし経済が一人歩きし始めると、次第にその時間は加速し、自然のペースを大きくはみ出すようになってしまった。

経済という〝裸《はだか》の王様〟

きみは気づいているだろうか？　ぼくたちが生きている現代の社会では、経済がまるで王様のように大いばりだ。「経済」の前ではみんなへいこらして、その横暴なふるまいにも文句をいわずに、おとなしくしている。経済という王様に仕えているのが、経済学者とか、エコノミストとか言われる人たちで、彼《かれ》らの言うことはいつもほかの誰《だれ》の意見よりも重要だと考えられている。ぼくは人類学者で、環境《かんきょう》運動家だが、そんなぼくの言うことは、エコノミストの前では何の力もない。たとえばぼくが、自然や人間の健康をそこなうダムや道路や発電所の建設に反対すると、「経済のためには仕方がない」という一言で片付けられてしまう。たとえばぼくが、武器を売ったり買ったりすることに反対しても、「経済が成長するために必要なことだ」ということばですまされてしまう。経済のためには環境破壊も、健康被害《ひがい》も、戦争も「まあ、仕方ない」という、その経済とは、そもそもいったい何なんだろう。

さて、こんな強大な力をほこる経済という王様には困った特徴《とくちょう》がある。それは、成長し続けなければならない、ということだ。きみが生まれる前の日本の経済成長について、きみはきいたことがあるかな？　それはあまりにも急速な成長ぶりだったので、世界中から奇跡《きせき》といわれるほどだったんだ。それと似たことが、今ではお隣《となり》の中国で起こっている。成長している経済にはお金が集まる。お金をもっている人たちが、お金を投資してそのお金をもっと増やそうとするからだ。経済の成長を支えるものに、技術革新《かくしん》がある。これについては前の章でみたとおりだ。新しいテクノロジーをとり入れることによって、時間と人が節約できる。たとえば、券売機《けんばいき》やICカードを使った検札機《けんさつき》などが登場して、それまで切符《きっぷ》を売ったり、チェックしたりしていたたくさんの駅員さんたちがいらなくなり、乗客はすいすいと改札口を流れるようになった（いらなくなった駅員さんたちがその後どうなったか、そして、節約されたはずの時間がどうなったのか、について考える人はほとんどいないのだが）。

経済が成長するということと、時間を省いてより短い時間ですませるということは、切《き》り離《はな》すことができない。つまり経済成長のためには時間のスピードアップが必要だ。経済を中心にしたぼくたちの社会では時間がどんどん加速するように感じられるのは、たぶんそのせいなのだ。

経済の時間が自然をこわしている

現在、人類にとって環境問題はもっとも重大な問題だ、とぼくは思っている。二十一世紀の後半へと向けて生きていくきみの世代や、きみの子どもたちの世代のことを思うと、本当に胸が痛む。どちらを向いても悪いニュースがいっぱいで、環境問題がこれからますます深刻になって人類の生存を難しくしていくとしか思えないから。

さて、その環境問題の最大の原因は経済なのだ。少なくとも、今ぼくたちが経済と呼んでいるものがこのままの横暴なふるまいを続けるなら、人類の未来は暗い。だから、なんとかしてみんなの知恵を合わせて経済のあり方を大きく変えていかなければならない。最近世界中で使われるようになった「持続可能《じぞくかのう》な経済」ということばを、きみはきいたことがあるだろうか。難しそうにきこえるけど、あたり前のことなんだ。つまり、破滅に向かって進んでいくデタラメな「経済」の代わりに、豊かな自然を保ち、人類の生存を続けていけるまともな経済をつくらなきゃいけない、ということ。そのためのぼくのアイデアは、自然の枠や社会の枠からはみ出して成長し、加速し続ける今の経済をスローダウン（減速）させることだ。でも、どんどんスピードアップするようにつくられている仕組みをスローにさせることなど、はたしてできるのだろうか？

環境問題を時間の問題としてみることができる。まず地球温暖化についてみてみよう。地球の気候はこれまでの歴史の中で、氷河期《ひょうがき》や間氷期《かんぴょうき》といった大規模な変化を繰《く》り返《かえ》してきた。でも、この百年に起こった地球温暖化という変化は、今までとちがって、ぼくたち人間の活動がひき起こしたものだ。ぼくたちが知るかぎり、地球はさまざまな生きものが生きていくのに適したただひとつの星。ほかの星と違《ちが》って地球は、平均して十五℃くらいの暖かさに保たれている。それは、地球のまわりにはうすい透明《とうめい》の膜《まく》があって、ちょうどぼくたちが着る服のように地球を包んでくれているからだ。このことを「温室効果」という。温室効果をつくる気体である「温室効果ガス」には、二酸化炭素（CO_2―約六〇％）、メタンガス（約二〇％）、フロンガス（約一〇％）などがある。地球を暖かく保ってくれる本来ならありがたい温室効果ガスが、しかし最近、人間の産業活動や消費活動によって急激に増えている。その結果、地球は今、ぼくたちが夏の暑い日にセーターやオーバーを着こんだような状態になってしまったわけだ。

要するに、経済時間がどんどん加速してきた結果、人間の活動がCO_2などをはき出すペースがあまりにも速くなってしまった。そして、本来なら大気のバランスを整えて、ちょうどいい状態に保ってくれるはずの地球の仕事のペースが追いつけなくなってしまった。いいかえれば、経済時間が自然時間を追《お》い越《こ》し、はみ出してしまったというわけだ。

次に、水について考えてみよう。二十一世紀は「水の世紀」だといわれる。それは水をめぐる問題が人類の生存をますますおびやかすようになるという、とても深刻な意味をもつことばだ。これまでの戦争が、主に石油などの化石燃料を争うものだったのに対して、これからは「水戦争」の時代がくるという意味でもある。地球温暖化も、水不足に大きな影響を与《あた》えるといわれている。

水の惑星《わくせい》といわれる地球だが、地球上の水のうち塩辛《しおから》い海水が九七％。淡水《たんすい》は三％にすぎない。またその淡水のうちほとんどは氷河や地下深く閉《と》じ込《こ》められていて、実際に人間が利用できる真水《まみず》の量は、地球全体の水をバケツいっぱいの水とすれば、たったの小さじ一杯《いっぱい》にすぎない。それを順番にみんなで使いまわしているわけだ。ぼくたち人間だけじゃない。陸地に生きているすべての動植物や、過去に生きてきた無数の生きものたちも使いまわしてきた。これらの生きものたちにとって宝物のような水を、人間は経済活動の中でますます大量にひとりじめし、急速に汚《よご》してきた。本来なら汚れた水を浄《じょう》化《か》して、きれいな水をすべての動植物のために用意してくれる地球の仕組みなのだが、もう、加速する経済時間に追いついていけなくなってしまったのだ。

アメリカやオーストラリアや中国では、短期間にあまりにも多くの水をくみ上げるので、地下水の水位がどんどん地中へと下がっている。そのため、地表では砂《さ》漠《ばく》化《か》が進んで穀物をつくることがだんだん難しくなっている。川という川にはたくさんのダムをつくって水をせき止め、その水を農業や工業や生活のために使ってきた。そのため、世界中の大きな川の多くが海まで届かなくなっている。深刻な水不足に八十カ国の十一億人が悩《なや》み、苦しんでいる。二〇五〇年までに地球上の全人口の七〇%にあたる七十億人が、水不足に直面するといわれている。

急速に進む生物種《しゅ》の絶滅という事態もまた、経済時間が引き起こすものだ。きみがこうしてこの本を読んでいる間にも、ひとつ、またひとつと生物の種が絶滅していく。知っていると思うが、それは何頭かの動物や、何十羽の鳥が死ぬ、ということではない。種全体が消えてなくなる。するとその種はもう二度とこの世に返ってこない。あとに残

された生態系という生きものたちの大家族にぽっかりと穴があく。生態系という仕組みの中では、様々な種の生物がお互いに影響したり、関わったりしながら微妙《びみょう》なバランスをつくっている。だから、そこに穴があくとそのバランスが崩《くず》れてしまう。今、生物種がどんどん消えていくことによって、ぼくたち人間もその一員である生態系に変化が起こっているのだが、まだその変化が人間にどんな影響を与えることになるかは、十分にわかっていない。

本来どの生きものも、環境の変化に自分を合わせて変えていく能力をもっている。これを適応《てきおう》、という。でも、それにはとても長い時間がかかる。生きものの大家族である生態系も、種の絶滅などによって失われたバランスをとり戻すのに五百万年かかるという研究結果もある。生きものたちのこんなゆっくりとしたペースを、せっかちな経済時間が待ってくれるわけがない。大気中のCO_2の増加、水の汚染、温度の上昇《じょうしょう》……。こうした急速な環境の変化に、適応しきれない生きものたちは次々に消えていく。今世紀中に全生物種の三分の二が絶滅するという予測さえある。

生きものたちの時間を盗《ぬす》んでいるのは誰？

環境問題というと、きみは何を思い出すだろう？　地球温暖化に関する記事やポスターなどには、よくホッキョクグマやペンギンが暑くて汗《あせ》をたらしているイラストがあるよね。でも残念ながら、環境問題はもうどこか遠いところで起こっている他人事ではない。それは、きみの家の食卓《しょくたく》の上、そして、きみのからだの中で起こっている。

食べものこそが環境問題への入り口だ。まず最初にきみに思い出してもらいたいことがある。食べものは生きものなり、ということ。生きものである動植物は、独自の時間をそれぞれのペースで生きている。そして、その長い歴史を通じて人間たちはこうした生きものの時間に合わせて生きることを学んできたはずなのだ。野生の動物を狩《か》り、魚をとり、木の実や根っこを食糧《しょくりょう》として集める人たちは、自分たちのこうした経済活動のペースがあまり速くなりすぎないように、十分に注意する。そうしないと、今年は食べきれないくらいの食糧があっても、来年はお腹《なか》をすかすことになるから。農民は種をまき、苗《なえ》を植え、その植物が自らのペースでゆっくりと、しかし着実に成長できるように辛抱《しんぼう》強く見守り、応援《おうえん》する。どちらも、太陽や月の動きをしっかりと観察し、季節がめぐる時間を感じながら、そのペースに自分たちの活動を重ねるようにして生きてきた。

しかし、最近のぼくたちはどうだろう？　あまりにもせっかちで、もう生きものたちのスローな時間を待ち、それに合わせながら自分たちのくらしをたてることができなくなっているようなのだ。農業、漁業、牧畜業《ぼくちくぎょう》、養殖業《ようしょくぎょう》、林業など、生きものを相手にする産業を第一次産業という。ここ何十年かの第一次産業には、「より速く、より多く」を合言葉とする大量生産の考え方がいきわたってしまったようだ。工業製品の場合なら、機械化された工場で同じ製品を短い時間で大量につくれば時間と働く人の節約になるから、値段はそれだけ安くなる。安くなるから、大量に売れる、というわけだ。しかしこれと同じことを、生きものである第一次産業の商品にあてはめようとしたら、どうなるだろう。生きものをより速く、より多くつくるためには、生きものがもともともっている時間を短縮し、必要としているスペースを節約してもっとせまくしなければならないだろう。え、そんなことできるの？　ときみは言うかもしれない。しかしこれこそまさに、ぼくたち人間の社会が自分たちの食べものとなる動植物にやってきたことなんだ。

促成栽培《そくせいさいばい》、単一栽培、化学肥料、農薬、抗生物質《こうせいぶっしつ》、ホルモン剤《ざい》、遺伝子組《く》み換《か》え、クローン技術……。そのひとつひとつについて今説明することはできないが、これらはみな、ぼくたち人間が最新の科学技術を使って生きものたちの時間や空間を切り縮める方法だといえる。日本ではふつうの四倍の速度で大きくなるレタスが開発され、カナダやアメリカではふつうのサケより六倍も、八倍も速く育つサケがつくられた。経済の新聞ではこういったできごとが、すばらしいニュースとして大きな見出しつきで報じられる。

きみも知っているとおり、サケは小さな川で生まれ、少し大きくなると川を下って海へと泳ぎ出す。三年も四年もかけて大海を旅した後、ふるさとの川まで産卵《さんらん》のために帰ってくる。これがサケの時間だ。太古の昔からこのサケを貴重な食糧としてきた人間は、しかし今ではもうこんなのんびりとしたサケの時間を待つことができない。

きみはニワトリやブタの飼育場に行ったことがあるかもしれないね。きみたちの食べものになる生きものたちは、幸せそうに生きていたかな？ 食肉にしたり、卵をうませたりするためのニワトリたちは、何段も重ねられたせまいおり《ケージ》にぎゅうぎゅうにつめこまれ、後ろを振《ふ》り向《む》くこともできないくらいだ。運動不足のまま、高い栄養価のえさを食べ続けるので速く太る。こういうすし詰《づ》め状態では、必ず病気が起こる。それをふせぐために抗生物質を与えられる。その抗生物質が速くからだを太らせるのに役立つことも知られている。ニワトリたちの昼と夜は短縮され、電気で調節され、コンピューターで管理されている。太陽が東から昇《のぼ》り、西に沈《しず》むという自然時間の一日をニワトリたちが過ごすのを、もう誰ものんびり待ってくれない。

こんなふうに生きものがもともと必要としているペースやスペースをうばわれた時、その生きものたちに何が起こるのだろう？　ケージの中にとじこめられた動物や鳥たちにさまざまな問題が起こることが報告されている。生命力や抵抗力《ていこうりょく》が衰《おとろ》え、いろいろな病気が発生する。数年前から世界をさわがせている鳥インフルエンザもまた、これと何かの関係があるのではないだろうか。また、インドの科学者で環境を守るために活躍《かつやく》しているヴァンダナ・シヴァさんは、ケージの中の動物や鳥がもともとはしないはずの「とも食い」と呼ばれる暴力的な行動をとることに注目している。ニワトリはくちばしでつつき合い、ブタはお互いのしっぽをかみちぎる。だいじな商品が傷つけ合っては大変だ。きみがニワトリやブタを飼っている業者だったら、いったいどうするだろう？

多くの業者はニワトリがつつき合う前にそのくちばしを切りとり、ブタがかみ合う前にその歯やしっぽをぬいておくそうだ。もちろん、痛くないようにと麻酔《ますい》なんか使ってはくれない。でも、これが問題の本当の解決といえるだろうか、とシヴァさんは問う。彼女《かのじょ》によれば、本当の解決とはただひとつ。ニワトリやブタが本来必要としているスペースと、もともとからだに備わっている「生きもの時間」を返してあげること。

しかしこれは、動植物を育てて売ることを商売にしている人たちだけの問題ではないはずだ。時間と空間を切り縮められて混乱し、衰《おとろ》え、不機嫌《ふきげん》になり、暴力的になった生きものたちの肉や卵はぼくたちの食卓にやってくる。そんな不幸せないのちをいただきながら、はたして人は幸せになれるだろうか？　ぼくはそれを考えずにはいられない。思えばぼくたちの社会は、ますます多くの自然時間を森や、川や、海から、そして人間以外の生きものたちから奪《うば》いとることによって、成り立っているらしい。経済が成長するとは、そういうことなのだ。ぼくたちが経済とよんでいるこのシステムは、ひとつの巨大《きょだい》な時間泥棒《どろぼう》マシーンなのだ。

第四章　愛はゆっくり

花のかずを　かぞえるのは
時をはかる方法
ながれる　時の長さを

（岸田《きしだ》衿子《えりこ》「花のかず」より）

人は愛なしに生きていけない

前の章では、人類の未来をおびやかしている環境《かんきょう》問題について考えた。そしてそんなに深刻な危機をひき起こした原因に、時間が加速するという問題があると、ぼくはいった。「経済時間」が速くなりすぎたせいで、「自然時間」が追いたてられ、自然界のしくみにいろいろな狂《くる》いが出てきているのではないか、と。遺伝子を操作することによってふつうより八倍も速く育つようにつくられたサケ（フランケンシュタインという名に似せてフランケンサーモンと呼ばれる）や、せまいケージにつめこまれた薬づけのニワトリの話をした。

この章では、話を一歩すすめて、人間以外の生きものに起こっているのと似たことが、実はぼくたち人間自身にも起こっているらしいということについて話してみたい。暗い話にきこえるかもしれないが、もう少しがまんしてつきあってほしい。その暗さの中に、きみたちが明るい未来をつくるためのヒントがたくさんあるはずだから。

東ヨーロッパのルーマニアという国では、一九八九年までチャウシェスクという大統領が大きな権力をひとりじめにして、軍隊や警察の力で反対意見をおさえつけていた。一九八九年の革命で彼《かれ》の政権が倒《たお》れ、それまで鎖国《さこく》状態のせいで知られていなかったことが次々に国の外にも知られるようになった。特にショッキングだったのが、三十万人にもおよぶ子どもたちが施設《しせつ》に収容されていたことだった。これは、国の生産力をあげるために、働く人の数を増やそうと、子どもをたくさん産むことをすすめた結果らしい。しかし、子どもがたくさんいれば親たちは子育てにたくさんの時間をとられる。それでは工場などで働く人たちが減り生産力が下がる。そこで、子どもたちを収容所に集めて、まとめて育てようとしたのではないか。さて調べてみると、子どもの収容所では一九八九年までの最後の数年間、毎年収容されている子どもたちの三分の一ずつが、死んでいったということがわかった。

いったい何が起こっていたのだろう？　食べものがもらえなかったから？　寒すぎたから？　暴力をうけたから？　調べてみると、そのどれでもないことがわかった。もちろんぜいたくとはいえないが、いちおうの着るもの、食べるもの、住む場所を与《あた》えられていたはずの子どもたちが、しかし、ちょっとしたカゼをひいただけでも死んでしまったのだという。つまり、病気に抵抗《ていこう》して生《い》き抜《ぬ》いていくための強い気もちや、生命力というものがなかったらしいのだ。この問題を研究した科学者たちは、この子どもたちの大量死の原因は「愛がなかったから」と結論した。ルーマニアの子ども収容所はひとつの実験だったとみることもできる。そこで実験の材料にされたのは、子どもたちだった。こういうのを「人体実験」という。とても悲しい話だが、でも、この実験をとおしてわかった大切なことがある。それは、工場で「モノ」を生産するように、人間をつくることはできないらしい、ということ。そしてそれは人間というものが愛なしには生きていけない生きものだからだということ。

十三世紀のドイツ皇帝《こうてい》フリードリヒ二世もこんな人体実験をやったそうだ。生まれたばかりの赤《あか》ん坊《ぼう》を施設にいれて、お乳を与えるほかには、話しかけたり、触《ふ》れたりすることを禁止する。これはことばをきくことなく育った子どもが何語を話すようになるかを調べる実験だった。実験は失敗に終わった。というのは、どの子も話ができるようになる前にみんな死んでしまったから。

愛とは時間をムダにすること

それなしに人間が生きていけないという、愛とはなんだろう？　それをはっきりといえる人などいるのだろうか？　ぼくにはいえない。でも、テレビの人気ドラマや、流行している歌にはいつだって愛ということばがあふれかえっている。愛ということばがたくさん使われれば使われるほど、かえって愛が足りなくて、みんな愛に飢《う》えているのかな、とも思える。愛がなければ生きていけないというみんなの思いは強いのだが、その反面、愛したり愛されたりすることがますます難しくなっているのではないか。ぼくは、愛について考えて頭がこんがらがったときには、時間のことを考えることにしている。

きみは『星の王子さま』を読んだことがあるかもしれないね。こんな場面を覚えているだろうか？　星から星へと旅して、七ばんめの星地球にたどりついた王子さまは、やがて五千ものバラの花が咲《さ》いている庭にやってくる。王子さまはそこで、自分の小さな星に残してきたバラの花のことを思って泣きくずれてしまう。この世にたったひとつのめずらしい花だと思っていたものが、実は、どこにでもあるあたり前の花だったということがわかって悲しかったのだ。そこへキツネがあらわれて王子さまをなぐさめ、ふたりは仲よしになる。キツネはただ単に王子さまの友だちになるのではない。友だちになるということがどういう意味なのか、を王子さまに教えてあげる。つまり、おたがいがおたがいにとって「かけがえのないもの」になるとはどういうことなのか、を。

やがて、王子さまはまた旅だってゆく。別れのあいさつをしながら、キツネは王子さまにこういうのだった。

「あんたが、あんたのバラの花をとてもたいせつに思っているのはね、そのバラの花のために、時間をむだにしたからだよ」

そしてキツネは最後にこうつけ加えた。

「人間っていうものは、このたいせつなことを忘れてるんだよ。だけど、あんたは、このことを忘れちゃいけない……」

キツネはここで、愛とは何か、という問いにひとつの答えをさし出している。愛とは相手のために時間をむだにすることだ、と。なるほど。しかしそのことを人間は忘れている。そう、キツネに言われてみてぼくはドキッとする。そういえばキツネは他のところで王子さまにこういっていたっけ。

「人間ってやつぁ、いまじゃ、もう、なにもわかるひまがないんだ」

キツネが人間についていっていることは、ちょうど子どもが大人に向かっていつもいいたいと思っていることとそっくりなのではないだろうか。つまり、大人たちはこの大切なことを忘れている。そしてそれを理解するひまさえない、ということ。まあ、キツネの目から見れば、最近の日本の子どもたちもみな忙《いそが》しすぎて、大人たちと似たようなものかもしれないけどね。

昔のことを覚えているお年寄りにも、今の忙しすぎる世の中のおかしさが見えているはずなのだが。キャンバスいっぱいに一輪の花をかくことで知られた、アメリカ人の女性画家ジョージア・オキーフ（一八八七—一九八六）は百歳《ひやくさい》近くまで生きたが、その晩年にこう嘆《なげ》いたという。

「誰《だれ》も花をみようとしない。花は小さいし、見るっていうことには時間がかかるから。そう、友だちをつくるのに時間がかかるように」

花をじっと見る。いや、ぼんやりながめたっていい。目をつぶってそのかおりを楽しんだっていい。でも、それは時間のむだだ、と忙しがりやは考える。そんなことをしても何の役にもたたないし、何の得にもならないから、と。子どもたちが何かをして遊んでいる。それは時間のむだだ、と忙しがりやは思う。そしてこう子どもたちにたずねるかもしれない。「そんなことをしていったいなんの役に立つんだ、なんの得になるんだ？」。さらに忙しがりやはこう考えるかもしれない。「時間ばかりかかってなんの役にも立たない、なんの得にもならない友だちづき合いなんて、いらない」、と。

実際、今の日本の多くの忙しい（そして忙しがりやの）大人たちは友だちづき合いができなくなってきているようだ。友だちがいない人も多い。親しい友だちがいる人でも、その友だちとなかなか会うことができない。たとえ会っても前のようにゆっくりとした時間がもてない。友だちづき合いは、たしかに「したいこと」や「しなければならないこと」のリストの中には入っているのだが、ほかの用事（たいがいいつも仕事や商売の用事なのだが）と比べてみると、こちらの方が大事だ、こちらを優先すべきだ、とは思えない。ほかの用事を先に選ぶ方が、なにかの役に立つし、得になるという計算が働いてしまう。仕事や商売の用事は、「ビジネス（忙しさ）」ということばのとおり、たいてい急ぎの用事だし、友だちというものは辛抱《しんぼう》強く待ってくれるからこそ友だちなのだから。

自分の家族とのつき合いでも、似たようなことが起こっているはずだ。家族の団らんはそうやって、いつも後回しにされ、日本から団らんそのものがどんどん減ってゆく。

『星の王子さま』のキツネがいっていたように、愛は、それがなんの役に立ち、なんの得になるかにはかかわらず、おしげなく相手のために時間を使うことだろう。つまり、愛はスロー、つまり、ゆっくりとしたものなのだ。時間がかかる。だから時にはめんどうくさい。でもだからこそ、愛は愛なのだ。

時間競争が愛をこわしている

人と人とのつき合いに十分時間をかける。特に、自分にとって大切な人たちのためにたっぷり時間を使う。それはあたり前のことで、考えてみれば、これ以上に大切なことが人生にあるのか、と思いたくもなる。ではなぜそんなに基本的で大事なことが今の大人たちにはできなくなっているのか？　大人たちはそこで、もうこの本の筆者であり読者であるぼくときみにはすっかりおなじみのことばを叫《さけ》ぶだろう。「じ、じ、時間がないんだ！」。そして大人たちはこういうかもしれない。「しかたないじゃないか、時間はあるだけしかないんだから」。もちろんこういう大人たちは、時間泥棒《どろぼう》の存在に気づいていない。自分たちのまわりに、いや、たぶん自分たちの中にもしのびこんでいる時間泥棒に。

「効率」ということばをきみはきいたことがあるだろう。日本の大人社会で、宝石のように大切にされているキーワードだ。もともとは機械の性能について説明するときのことばだ。たとえば、機械がある仕事をするときにかかる時間やエネルギーが、仕事の量に比べて少なければ、それを「効率がいい」、という。逆にたくさんの時間とエネルギーをつぎこんでいるのに期待した仕事ができないと、「効率が悪い」という。

いつからかこのことばが機械にかぎらず、人間のやる仕事にも使われるようになり、今や経済やビジネスの世界では、「効率がいい」ということ以上に大事なことはないとさえ考えられるようになってしまった。そればかりではない。今では生活のいろんな場面でも、このことばが使われている。てまや時間をむだなく使うことを意味する「効率的」は、「効率的に試験勉強をする」とか、「家事を効率的にやる」とかいうふうに使われる。もともと機械に使われたことばが、こうやってぼくたちの生活のすみずみにまで入りこんでいるのは、思えばとてもこわいことなのだ。

効率を上げる、つまり今よりもっと効率をよくすることを「効率化」という。この「効率化」こそが、ぼくたちの生きているこの社会の合言葉だ。効率化というのはただ上だけを向いている。つまり、効率というものは上げるしかないもので、下げることについては考えられていない。またそれは上がれば上がるほどよく、どこまでいっても、「もうこのへんでいいだろう」ということにはなかなかならない。

たとえば、いろいろな条件が同じふたつの工場があって、全く同じ製品をつくっているとする。Aの工場がそれを五分で、Bの工場が十分でつくれるとすれば、AはBより倍も効率的だということになる。このふたつが競争するとすれば、Aの方が勝つだろう。ふつう、ビジネスの世界では、効率的な方、つまり、てまや時間をむだなく使う方が、勝つと考えられている。なぜかというと、てまや時間をはぶくと、そこにもともとかかっていたお金がいらなくなり、その分、商品の値段を下げることができる。たとえば、同じ製品が五十円と百円なら、ふつうお客さんは五十円の方を買う。そしてお客さんは、もっと効率が上がれば、同じものが五十円よりもっと安く買えるのだから、効率は上がれば上がるほどいい、と考えるだろう。商品をつくる方でも、商品を安く売れるようにしないと、ほかの会社との競争には勝てないから、効率を上げようとするだろう。

こうして効率をめぐる競争がくり広げられる。効率は時間が少ないほどいいのだから、効率競争は同時に時間競争だ。このゲームのルールは「早い者勝ち」。スピードは速ければ速い方がいい。そしてどこまでいっても、「もうこのへんでいいだろう」ということにはなかなかならない。

効率をめぐるこうした競争こそが、社会をもっと豊かにし、人々をもっと幸せにするのだという考え方が、ぼくたちの社会では今、大人気だ。日本ばかりでなく、世界中に、この考え方は広く行きわたっている。この競争が自由にのびのびと行われるように、なるべくそのじゃまになるような壁《かべ》はとり払《はら》われなければならない、と経済や政治のリーダーたちの多くが考えている。新聞のテレビのニュースにしょっちゅう出てくる「自由化」とか「民営化」とか「改革」とかのことばは、だいたいみんなこの効率化をめぐる競争のじゃまになるものをとり除いてしまえ、という話だと思えば、まずまちがいない。

でもこれはとても危険な考え方だ。なぜなら、「時間をはぶくことはいいこと」、つまり「速ければ速い方がいい」という単純な思いこみがそこにはふくまれているから。時間を節約すればするほど豊かになれる、というのは、第二章でみた『モモ』の灰色の男たちが街の人々をだますために使ったことばそのままではないか。では人々がどうしてこういう考え方にだまされるかといえば、それは「時は金なり」、つまり「時間＝お金」という等式を信じているからだ。きみは、働く人の仕事に払われるお金が、時給八百円、日給五千円、というふうに、時間ではかられていることを知っているよね。きみが店で買う商品の値段にはどれも、その商品をつくるために働いた人たちの「時間＝お金」がふくまれているというわけだ。

「時は金なり」という物語

時間とお金の深い関係について、もうひとつきみに説明しておかなければならないことがある。お金がひとりでに増えるという〝魔法《まほう》〟について。ぼくたちの社会では、たとえば銀行にお金を預けると、利子とか利息とか呼ばれるものがついて、時間がたつにつれて預けたお金が少し増えることになっている。それはいい、ときみは思うかもしれない。でも、たしかに預けるお金がある人はいいけど、ふつうの人にとってお金っていうものは、余っているときより、足りないときの方が多いものなんだ。たとえば、住む家を建てるとか、新しくビジネスを始めるとか、自動車を買うとかといった大きな出費があるときには、自分がもっているお金でポンと払える人は多くない。それで銀行などからお金を借りなくてはならない。ローンというのがそれだ。そこにもちゃんと利子がついている。だからこの場合は、返さなければいけないお金の量が増えてゆくのだ。

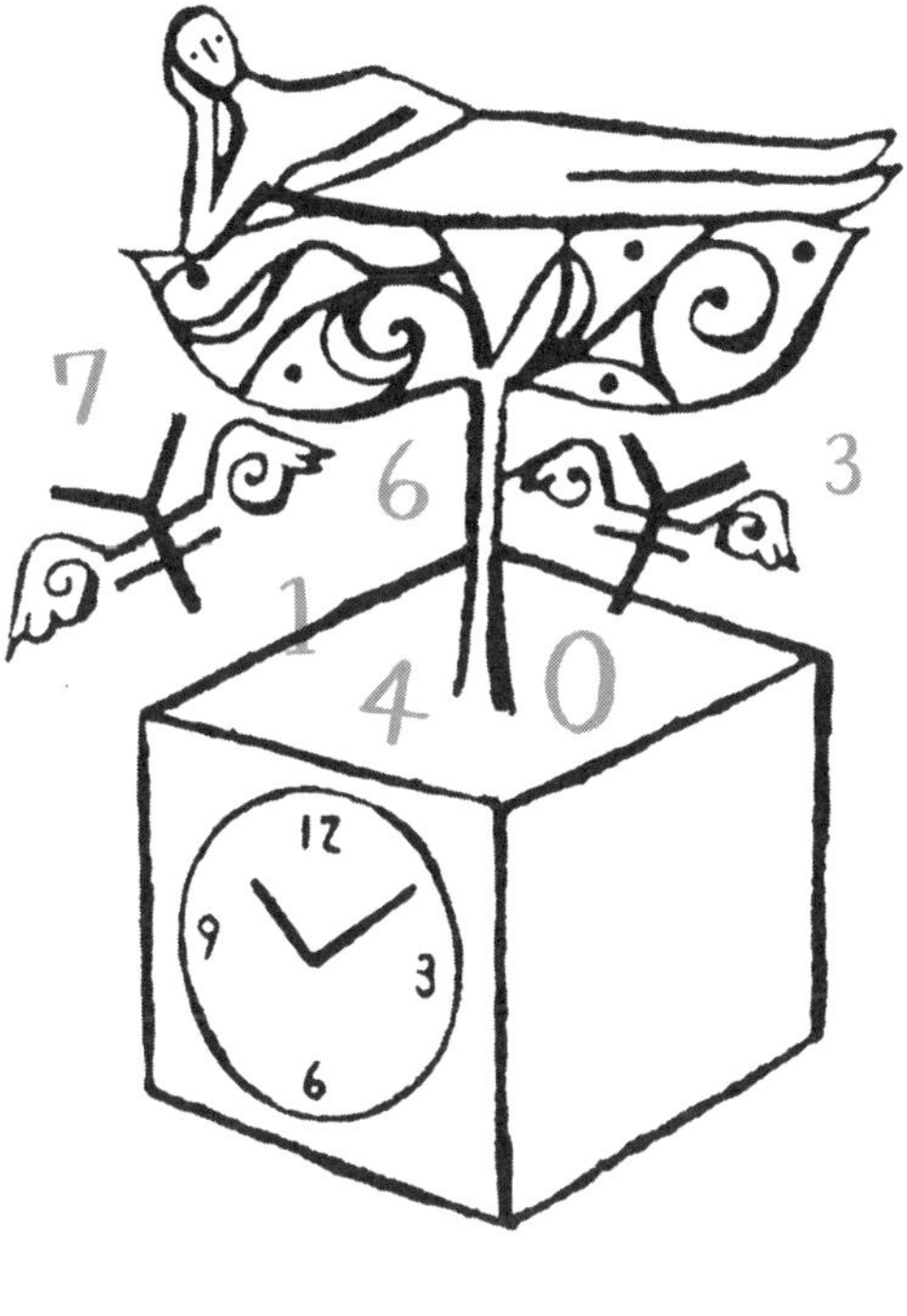
7
6
3
1
4
0
12
9
3
6

「お金がひとりでに増える」とぼくはいったけど、それは正確ではない。お金は時間がたつにつれて増える、つまり、時間の助けをかりて増える。いいかえれば、時間さえあれば、お金は増えるということ。植物が育つのには太陽、空気、水、土、などいろんなものが必要だけど、お金には時間という味方さえあればいい、というわけだ。

そんなに簡単に育つラッキーなお金、といいたいところだけど、もちろん本当にラッキーなのは、そのお金をたくさんもっていて人に貸したり、預けたりすることができるお金持ちだ。何もしないでただじっとしていても、時間がたてばそれだけ自分のお金が増えていく。そんな人にとっての時間は、きみにとっての時間とはもうぜんぜんちがう意味をもつようになっているだろう。きみはまさか時間が何かの目的をもって流れているなんて思わないだろ？　だけど、そのお金持ちにとっての時間にはひとつの目的が生まれている。「お金を増やす」という目的だ。

こうしてみると、ぼくたちの社会では、時間とお金とがもう切っても切れないような深い関係をもってしまっていることがわかる。お金を増やすことが時間の目的だなんて、まるで時間がお金もうけのための道具にされるようなものだ。しかし、恐《おそ》ろしいことに、こういう考え方は決して一部の大金持ちだけのものではなく、今では社会のすみずみにまで、いや、世界のすみずみにまで広がってきている。

しかし、がっかりしすぎないでほしい。そして、こんなふうに考えてほしいんだ。「時間＝お金」というのは、もともとは「こういうふうに考えることにしよう」とか「こういう考え方もできる」という、ひとつの考え方にすぎない。ま、いってみれば、人間がかってに考え出したつくり話だ。つくり話がうそだとはかぎらない。また、ぼくはつくり話が悪いといっているのでもない。しかし、たくさんあるつくり話のうちのひとつを、まるで「これしかない」というふうに思いつめることが危険だといいたいだけ。「時は金なり」がひとつのつくり話だとわかれば、じゃあ、時間とお金を切《き》り離《はな》すために、「利子のない世界」というお話をつくってやろう、と考えることだってできるだろう。「時は愛なり」っていうお話をつくったっていい。

そもそも、お金というものがひとつのつくり話なんだ。たくさんのお金をもって無人島に流れ着いた自分を想像してみてごらん。あるいはお金というものがない社会をたずねた自分を。もちろんお金は何の役にも立たないだろうし、きみがお金持ちだという事実は何の意味もたないだろう。たしかに今の時代はお金なしには生きていけないとみんな思いこんでいるが、ちょっと昔まではほとんどの人がお金なんかなしに生きていた。お金で買うモノに頼《たよ》ることなく生きる力をもっていた。ぼくたちの生きているこの社会、この時代には、たまたま、お金をたくさんもつことが人々や自然を支配する力を意味したり（金＝力）、幸せになるためにはお金持ちにならなければならないと信じられたり（金＝幸福）している。「金で買えないものなんかあるはずがない」といばる人が、英雄《えいゆう》のように扱《あつか》われたりもする。しかし、「金＝力」とか「金＝幸福」という話だけが信じられている社会なんて、人間の長い歴史の中では例外中の例外、四つ葉のクローバーほどもありはしなかったんだ。

前の章で見たように、時間にはいろいろな種類がある。「時間＝お金」という物語では、そのことが無視されて、時間というものがいつでもどこでも同じ一種類のものだということになっている。時間とは、すべて時計で計ることのできるものだと考えられている。江戸《えど》時代の一時間と現代の一時間は同じで、アマゾンの奥地《おくち》の一分と新宿の一分は同じだとされる。効率化で節約される時間も、時間であることにかわりはない。機械の性能を上げることによって節約されたのか、おしゃべりをやめたり、昼飯をぬきにすることで節約されたのか、山にトンネルを掘《ほ》り、川に橋をかけたり、海を埋《う》め立《た》てたりすることで節約されたのか、ふつうより八倍も速く育つサケをつくることによって節約されたのか、にかかわらず、節約された時間はみな一様にお金にかえられる。そこでは、地球には「地球時間」があり、自然界には「自然時間」があり、人間をふくむそれぞれの生きものには「生物時間」があるということが忘れられてしまっている。そんなことにいちいちこだわっている人は、早い者勝ちの効率競争についていけない、というわけだ。

同じように、「時間＝お金」という物語では、人と人との間には、独特な人間関係の時間というものがあるのだということさえ、いつの間にか忘れ去られようとしている。家族には「家族時間」、友だち同士には「友だち時間」、地域の人々には「地域時間」とか、「コミュニティ時間」というものがあるはずなのに。しかしそんなむだな時間をたくさん使っている「ナマケモノ」は、これも競争からとり残されていく運命にある、というわけだ。

「人生は競争」という物語

だが、「人生は競争だ」とか、「人間は競争がないとナマケモノになる」とか、「社会は競争によって進歩し、発展し、豊かになる」というのも、人間が考え出した「競争物語」というつくり話にすぎない。そもそも競争とはなんだろう。それはふつう同じゴールに向かって競《きそ》い合《あ》うことによって、勝ち負けや優劣《ゆうれつ》（どちらが優《すぐ》れていて、どちらが劣《おと》っているか）という結果を出すものだ。でも考えてみてほしい。社会とはそもそも人々が同じ目標に向かって競争するための場所ではないはず。第一、どうしてひとりひとりのゴールがちがってはいけないのだろう。

ぼくはいちがいに競争が悪いものだといっているのではない。競争しかない、という思いこみが怖《こわ》いのだ。スポーツやコンテストの競争を見るのは楽しいし、参加者はワクワクしながら、それをはげみにして技《わざ》をみがく。たしかに競争は一時的には、人に目標を与え、人からふだん以上の力をひき出すこともある。でも、競争が一時的でなく、日常のくらしの中にいつもあるようになってしまった社会に生きるのは楽ではない。社会の中には競争に向いている場所もあるだろう。しかし、家族とか、友だち同士の間とか、となり近所とか、村とか、地域とか、競争に向いていない場所もたくさんあるはずだ。会社の同僚《どうりょう》だって学校のクラスメートだって、今ではたがいに競争するのがあたり前になってしまったが、もともとは助け合う仲間どうしだったのではないか。

今の日本のように競争第一という考え方が社会のすみずみにまでしみこんでしまった社会は生きづらい。そんな社会が長続きするとは思えない。なぜなら、むき出しの競争は人々を「勝ち」と「負け」に分けてしまうから。効率競争で勝つのは速くて、効率的な人。のろくて、要領が悪い人は負けてゆくだろう。そしてひどい場合にはとり残され、いじめられ、差別され、のけものにされることにもなる。これでは社会に対立や憎しみやねたみが増えるばかりで、平和を保つことはむずかしい。だから、ぼくたちは社会が競争だけのための場所ではなく、ともにみとめ合い、分け合い、助け合いながら生きるための場所でもあることを思い出さなければいけない。

速さを競う社会では、時間が加速する。競争している本人たちには何が起こっているのだろう。ぼくときみが速さを競っているとしよう。ぼくがスピードを上げる。つまり、同じ距離《きょり》をもっと短い時間ですませるようにする。するときみもそれに負けないようにスピードを上げ、ぼくを追い抜こうとする。つまり、きみは同じ距離をぼくが縮めたのよりさらに短い時間で進もうとするのだ。だから、ぼくときみとのスピード競争は、実は、時間を縮める競争だ。こういうこともできる。ぼくというう競争相手がいるせいで、きみは時間を節約しなければならない。ぼくもきみのせいで時間を縮めなければならない。意地悪ないい方をすれば、ぼくはきみから、きみはぼくから時間を奪《うば》う。どうやら、ぼくたちは自然界から自然時間をとり上げているばかりではなく、人間同士おたがいに時間を泥棒し合っているらしい。

さて、この章をふりかえってみることにしよう。まず、愛、つまりおたがいをかけがえのない存在だと思う人と人との関係がなりたつためには時間が必要だ、ということを考えることからこの章は始まった。そしてここまで、効率、お金、競争というぼくたちの社会の三つのキーワードについて見ながら、それらのまわりにつくりだされた現代版「時間物語」について考えてきた。こうして、ぼくやきみが、そしてたぶん多くの人々が感じているはずの「生きづらさ」の正体が見えてきたと思う。

なぜ生きづらいのか。それは人間が人間らしく生きることが難しくなっているからだ、とぼくはいいたい。人間らしく生きるとは、たがいにみとめ合い、分け合い、助け合い、愛し合いながら生きるということだ。そのためには人と人との関係にたっぷりとした時間を注ぎこむことが必要だ。しかし、そういう時間を過ごせる人が少なくなってきている。だから、みとめ合い、分かち合い、助け合うことが難しい。愛があぶない。ホッとする時間、楽しい時間、愉快《ゆかい》な時間、なごやかな時間、こころ休まる時間、ロマンチックな時間。本人が楽しんでいるという以外には特にこれといった意味も目的もない、こうした「ムダな」時間はどんどん節約され、手元から消えていく。人々は「時間がない！」と叫ぶ。そう、そのとおり、人間が人間らしく生きるための時間がもうあまり残っていないのだ。

さて、時間がどこへ消えてしまったか、をもうきみは知っているよね。そして時間泥棒の正体を。この章を終えるにあたってきみともう一度、確認《かくにん》しておきたいと思う。人生には、はぶけないし、はぶいてはいけない時間があるんだ、ということ。その時間を守るためには、人にのろまといわれたり、スローとバカにされたりするのを恐《おそ》れないことにしよう。愛はゆっくり。ゆっくりでいいんだよ。

いそがなくてもいいんだよ
種《たね》をまく人のあるく速度で
あるいてゆけばいい

(岸田衿子「南の絵本」より)

第二部　時間のくにへ帰ろう ——スローライフへのカギ

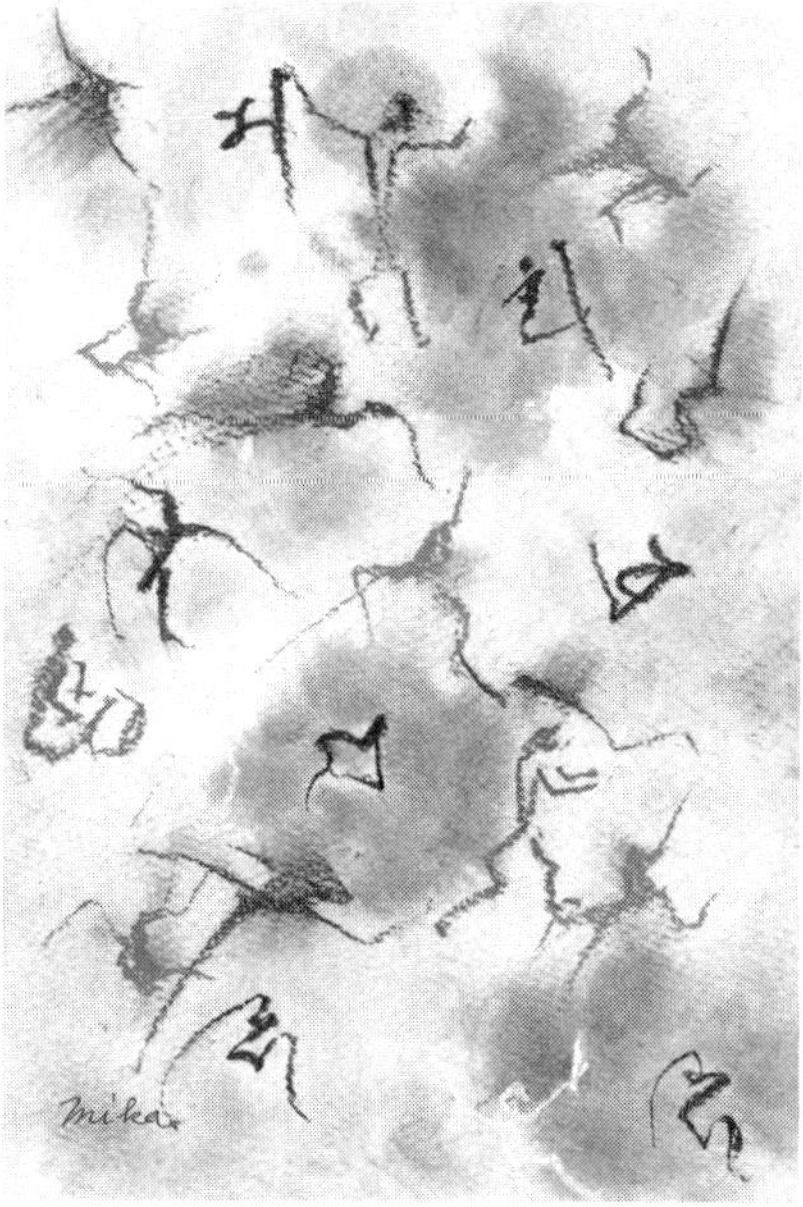

第一章　ナマケモノになる

ナマケモノが空を支えている

（ブラジルの先住民の言い伝え）

ミツユビ・ナマケモノとの出会い

スローライフを楽しもうと思ったらナマケモノになることだ。

いきなり「ナマケモノになれ」なんていわれても、困るかもしれないね、いつもまわりから「急いで」、「速く」、「ぐずぐずするな」、「がんばれ」、そして「怠《なま》けるな」といわれて育ってきたきみとしては。

そこで、この章では、ぼく自身の経験にそくして、「ナマケモノになる」というのがどういうことかを、話してみようと思う。なんていうと、きみはぼくがナマケモノの大先生だと思うかもしれないけど、本当のことをいうと、それどころかまだ一人前のナマケモノとさえいえない状態なんだ。一人前のナマケモノになるために、怠けずに修業《しゅぎょう》している弟子《でし》というところかな。ではぼくの先生である、ホンモノのナマケモノに登場してもらうことにしよう。

南アメリカ大陸のエクアドルという国で、森を守ろうとしている人々を応援《おうえん》する活動に参加したぼくと仲間たちは、その森にすむミツユビ・ナマケモノという動物に出会った。それは、どこかちがう星から来たかのような不思議なムードを漂《ただよ》わせていた。ふさふさとした毛、長い手足、その先に突《つ》き出《だ》している三本の長いつめ。一八〇度回る小さな頭、眠《ねむ》そうな目、そしてカタツムリみたいなスローな動き。よく見ればその顔にはいつもかすかなほほえみが浮《う》かんでいる。

行く先々の町でナマケモノを見かけた。それはあわれな姿だった。その地域では、すごい勢いで森の木が切られて、その後に油をとるためのヤシの農場がつくられていくのだった。他の森へと移住できる鳥や動物もいるだろうが、ほとんどの森の生きものは行き場を失う。ナマケモノもそうだった。森の木を切る仕事をしている人々の中に、ナマケモノを見つけてきては、町にもってきて食肉用に売ろうとするものが現れる。やせっぽちでとても食べるところが多いとは思えないのだが。しかも、逃《に》げないようにしばりあげたり、つめをはがしたり、手足の骨を折ったり……。おとなしくて無害な動物をどうしてこんなに残酷《ざんこく》に扱《あつか》えるのだろう。そんなむごい扱いを受けても顔にあのかすかな仏像みたいなほほえみを絶やさないナマケモノを、ぼくの仲間である環境《かんきょう》活動家のアンニャ・ライトは、「森の菩薩《ぼさつ》さま」と呼んだ。ぼくたちは町で見かけるナマケモノを買ってては、森にまた逃がそうとしたが、買えば買うほど、買い手があるというので、ナマケモノを見つけてきて売ろうとする者が増えてしまうのだった。

結局、ぼくたちはこの動物が虐待《ぎゃくたい》を受けないようにするためには、森を守ることだ、と考えるしかなかった。そして地元で森を守るために活動している人たちを応援して、「ナマケモノのすむ森を守ろう」というスローガンを掲《かか》げるようになった。同時に、すっかりナマケモノのファンになってしまったぼくは、このすてきな動物について自分なりの調査にとりかかることにした。

アメリカの生物学者たちのナマケモノについてのすぐれた研究のことを聞き、その研究の舞台《ぶたい》だったパナマのスミソニアン熱帯研究所に出かけていった。また世界でたったひとつのナマケモノ救護センターがあると聞いて、コスタリカのカリブ海沿岸にあるアヴィアリオス自然保護区を訪ねた。そしてぼくは、一九九九年の夏、アンニャ・ライトをはじめとする仲間たちと「ナマケモノ倶楽部《クラブ》」というグループをつくった。きみは、トラを絶滅《ぜつめつ》の危機から守ったり、ゾウを保護したりする動物保護団体のことを聞いたことがあると思う。しかし、ぼくたちのナマケモノ倶楽部は動物保護団体ではない。最初のうち、かわいそうなナマケモノを守りたい、と思っていたのは事実だけど、いつの間にかぼくたちは「ナマケモノのようになりたい」と思いはじめていたのだから。

ナマケモノはすごい奴《やつ》

ミツユビ・ナマケモノは中南米の熱帯の森に生きる哺乳《ほにゅう》動物だ。アメリカ大陸に移住してきたヨーロッパ人たちは、その動きが遅《おそ》いというだけでこの動物をバカにして「ナマケモノ」という名前を押《お》しつけた。そしていつも、「のろま」「ぐず」「低能」などと呼んでは、この動物を笑いものにしてきたらしい。でもこの三十年ほどの間の生物学者の調べで、実はナマケモノがなかなかすごい動物であることがわかってきた。

まずナマケモノの動きがのろいのは筋肉が少ないからで、それはなるべくエネルギーを使わないで、葉っぱだけを食べて生きていくための知恵《ちえ》だということがわかった。また筋肉が少なければそれだけ体重が軽くなるから、高い木の上の方の細い枝にもぶら下がることができ、それだけ敵から襲《おそ》われる心配も少ない。またおもしろいことに、ナマケモノは七、八日に一度、危険を承知でゆっくりと木の根元まで下りてきて、地面におしりで浅い穴を掘《ほ》って糞《ふん》をする。地上に降りてきて、もし天敵に見つかればこんなに動きの遅い動物はすぐつかまって食べられてしまうだろうに。どうしてこんな危険なことをするのだろう。ある生物学者の研究によると、それはナマケモノが、自分に食べものをくれる木の根元に糞をすることで、もらった栄養をなるべくその同じ木に返そうとしているのだという。つまり、自分を育ててくれる木を、逆に支え、育てているというわけだ。「環境にやさしい循環型《じゅんかんがた》のくらし」とはまさにこういうものだろう。どうやら、ナマケモノは怠けているのでも、バカなのでもないらしい。

きみは「弱肉強食」ということばを知っているだろうか。それはぼくたち人間が、野生の動物たちの住む世界について抱《いだ》いてきたイメージで、弱いものが強いものの餌《えさ》として食べられてしまう、という意味だ。このイメージは単純すぎて、実際の動物界のありようとはずいぶん異なっている。でも、ぼくたち人間は単純なお話には目がないんだ。世界が本当に強いものの勝ち、大きいものの勝ち、速いものの勝ちだとしたら、やっぱりぼくたちは勝つ方に魅力《みりょく》を感じるだろう。強くて、大きくて、速い動物たちほどカッコいい。だからライオンは「百獣《ひゃくじゅう》の王」などと呼ばれる。同じ哺乳類のナマケモノは人間たちに人気がない。

こうした動物界の「弱肉強食」のイメージはよく、ぼくたちが生きている人間社会のことを考えるときにも使われる。大人たちはたとえば「この弱肉強食の世の中では、弱虫では生きていけないぞ」と、子どもたちを叱《しか》る。そして特に経済の世界では、現に「より速く、より大きく、より強く」を合言葉に、激しい競争をくり広げている。

競争というものの怖《こわ》さについては前に述べた。そこでもいったことだけど、ぼくは競争がいけない、といいたいのではない。「競争しかない」と思《おも》い込《こ》んでしまうことがいやなのだ。人生というものを、弱肉強食という単純なイメージでとらえようとすることが危険だといいたいのだ。

動物界にだって、ナマケモノみたいな動物がいて、ジャングルの木の高みで、のんびりとしたくらしをたてているじゃないか。強さ、大きさ、速さを競《きそ》うこともなく、毒をもつこともなく、するどい牙《きば》をもつこともなく、徹底《てってい》した低エネ、循環型、助け合い、平和のライフスタイルをちゃんと実現している。こんなナマケモノの生き方がわかればわかるほど、ぼくたちは「ナマケモノを救え」などと考えていた自分がちょっと恥《は》ずかしくなっていった。逆にナマケモノのような生き方こそがぼくたち人間を救ってくれるのではないか、という気さえしてきた。二十一世紀を生き延びるために、人類が何より必要としているのは「ナマケモノになる」ことではないのか、と。

ナマケモノは平和

シンガーソングライター（自分で作詞作曲した曲を歌う人）でもあるアンニャは、ナマケモノ倶楽部のテーマソングを何曲か作ってくれた。「Call Me Sloth（ナマケモノと呼んで）」という曲の歌詞はこうだ。

もっと欲《ほ》しい、もっと買いたい、といわない私
みんなにきれいだっていわれなくても平気
一番じゃなくたっていい
嫌《いや》なことをされてもやりかえさない私
そんな私を「ナマケモノ」と呼んでくれてもかまわない
私はゆっくり、マイペースで生きていく
そうすればきっとうまくいく……

何か、するべきことをしない人を、ぼくたちは「ナマケモノ」と呼ぶ。ぼくたちの社会では特に、いっしょうけんめい勉強しないか、せっせと働いてお金をかせいでいない人のことをいう。勉強しないと、いい学校に入れないし、いい会社に就職できない。いい会社で働かないと給料をたくさんもらえない。一方、せっせと働かないとお金もかせげないし、出世もしない。出世してよりよい給料をもらったり、ビジネス競争に勝ってたくさんお金をかせがないと、幸せになれない。なぜなら人を幸せにするためのものは

お金でしか買えないから。家、土地、車、すべての家庭電化製品、外国旅行、その他さまざまなモノやコト。友だちづき合いをするにも、結婚《けっこん》するにも、子どもを育てるにもお金がいる。たくさんいる。だからどんどん自分の時間をつぎこんで勉強し、働く。お金をかせいで、そのお金でせっせと買いものをして、幸せを手に入れる。

人生とはこういうコースのことだと、ぼくたちの社会では多くの人々が考えてきた。そして現に多くの人々がそういう道を歩んできた。ではナマケモノとは誰《だれ》かといえば、それはこのコースからそれてしまう人たちのことだ。できるだけむだな時間を省いてせっせと勉強し、せっせと働き、せっせと買いものをするという、幸せになりたい人なら誰もがやっていそうなことをしない人。ダラダラしている人、ブラブラしている人、グズグズしている人、のんきな人、ヒョウヒョウとしている人、ひまな人。『モモ』の話を覚えているかな？　そう、ナマケモノとはつまり、あのお話に出てくる「灰色の男たち」にだまされない人、時間を節約してお金になることだけをしようなどと考えない人のことだ。

もっといえば、ナマケモノは時間をめぐって競争することをナマケる。時間泥棒《どろぼう》の仲間になるのをナマケる。時間の奪《うば》い合《あ》いをナマケる。時間をお金ととり換《か》えてしまうことをナマケる。大量生産・大量消費・大量廃棄《はいき》をナマケる。環境破壊《はかい》をナマケる。

はじめてコスタリカにある「ナマケモノ救護センター」を訪ねたときから、このセンターを経営し、その一帯を自分たちの力で自然保護区として守っているアローヨさん夫婦《ふうふ》と仲よしになった。アローヨさん夫婦によると、コスタリカはエクアドルほどではないにしても、ナマケモノにとってますます住みづらい場所になってきているのだという。森林が農地に変わり道路や電線が増えて、自動車事故や感電事故にあうナマケモノが絶えない。地域の人々が、けがをしたものや、みなし児になった赤《あか》ん坊《ぼう》のナマケモノを、動物好きで知られたアローヨさんたちのところにもちこみはじめ、気がついたら、救護センターになっていた。けがの手当てをし、みなし児にはヤギのミルクをあげて育て、ときがくれば、森へと返すことを目標にしている。しかし、障害が残ってなかなか野生にもどれないナマケモノもいて、アローヨさん夫婦と家族のようにくらしている。ぼくはそんなナマケモノの一頭、オスのサニーの里親にもしていただいた。ぼくもこれで晴れてホンモノのミツユビ・ナマケモノの親だ。息子《むすこ》に笑われないようにしっかりナマケ

コスタリカに住むぼくの“息子”サニー

なくちゃ。

　ぼくは、たくさんのナマケモノたちとくらしてきた奥《おく》さんのジュディ・アローヨさんに聞いた。ぼくたち人間がナマケモノから学べることってなんだろう、と。彼女《かのじょ》はこう答えた。

「必要なもの以上はいらないんだってこと。彼《かれ》らは争わない。必要以上のものを求めないから、誰とでも仲良くできるのね。一言で言うと、平和ということかしら、ナマケモノから学ぶべきことは」

　そういえばコスタリカという国は、日本と並んで、「もう戦争をしない」誓《ちか》いをたてためずらしい国だということをぼくは思い出した。それをいうと、ジュディさんは、うんうん、とうなずいて、こうつけ加えた。

「ブラジルの先住民はナマケモノを〝空を支える生きもの〟と呼んでいる。木の枝にぶら下がっている彼らの姿を見ると、私にも、空が落ちてこないように押さえてくれているように思えるの」

たくさんのナマケモノたちが今日も中南米の森で空を支えてくれている。

第二章　食《く》いしん坊《ぼう》宣言

スローフードな食卓《しょくたく》は、親と子をつなぎ、恋人《こいびと》たちをつなぎ、都市と農山漁村をつなぎ、南半球と北半球をつなぎ、人と自然とをつなぐ。

（島村菜津《しまむらなつ》『スローフードな日本！』より）

食べものは生きものだ

ぼくは食べることが大好きで、食べるためにぼくは生まれてきたんだ、とよく思う。もちろん、口に入るものならなんでもいい、というわけじゃない。いつだっておいしいものを食べたい。おいしいものを食べるために生まれてきた、とさえ思う。ではおいしいものとはどんなものだろう。食いしん坊のぼくだけど、おいしさというものはただ単に舌で感じるものではない、と思っている。どこからやってきた、どんなふうに育てられた、どんな素材からできている料理か、誰《だれ》がどんなふうに料理してくれたものか、誰と、いつ、どこで食べるのか。こういうことがみんな「おいしさ」の中には含《ふく》まれているのだと思う。

きみも食いしん坊？　だとしたら、うれしいな。実は、食いしん坊こそがすてきな未来の世界をつくっていくのだとぼくは信じているんだ。食いしん坊どうし、一緒《いっしょ》に「おいしさ」について考えてみることにしよう。

食べものについて考えるには、まず「食べものは生きものである」ことを知らなければいけない。そんなのあたり前、ときみはいうかもしれないね。でも、そのあたり前のことをあらためて考えてみてほしい。これって、すごいことじゃない？　ぼくたちは毎日、生きものを食べることによって生きている！　生きもののいのちをいただくことによって自分のいのちを育てたり、保ったり、守ったりしている！　ぼくたちが「おいしい！」というときの「おいしさ」は、「いのちのおいしさ」だったんだ。

「食べものは生きものである」。だからこそ、素材の新鮮《しんせん》な食べものはおいしい、とみんないう。微生物《びせいぶつ》の働きによって、時間をかけてつくられる発酵《はっこう》食品（みそ、しょうゆ、納豆、チーズ、ヨーグルトなど）はおいしい。旬《しゅん》の食べものはうまい、とみんな思う。それはそうだ、旬とは食べものである生きものがもっとも生き生きとしている季節のことなのだから。有機無農薬の野菜はおいしい。化学的に合成してつくった肥料や農薬を使わないで、自然界のいのちの力だけで育つ野菜だから。

生きものが生き生きと生きるには、いい水といい空気といい土と太陽のエネルギーと多様な生物のコミュニティが必要だ。つまり、おいしいものは豊かな自然環境《しぜんかんきょう》からやってくる。だからおいしいものを食べたかったら、その環境の豊かさを守らなければならない。これで、わかってもらえたかな。ぼくが環境運動をやっている最大の理由のひとつは、おいしいものを食べたいからなのだ！　食いしん坊のきみも、ぜひ、ぼくと一緒にやってほしい。自分だけでなく、自分の子どもたちやそのまた子どもたちが、おいしいものを食べるよろこびを味わいつづけられるように。

もうひとつ。ファストフード（そのまま訳すと「速い食べもの」）の流行に代表されるような最近の食生活の大変化は、世界中で環境破壊《はかい》と健康被害《ひがい》の大きな原因になっている。しかしそれは逆にいえば、食生活をよくすることが自分の健康のためにもなり、環境破壊を食い止めることにもなるということだ。おいしく安全な有機無農薬の食品を選び、なるべく国産の、できれば自分の住んでいる地域でとれた旬の新鮮な食材を、長い伝統に育《はぐく》まれた調理法でおいしくいただく。それがきみの健康のためにも、地球環境のためにもいい。これって、〝おいしい話〟じゃない？

スローフード

さて、きみはスローフードということばを聞いたことがあるんじゃないかな？　ファストフードの流行のかげで失われそうなおいしい食べものを守れ、という、北部イタリアの小さな村に住むとびきり食いしん坊のおじさんたちがはじめた運動のことだ。今では世界中に広まって八万人がこの運動に参加するほどになっている。ぼくももちろん参加している。食べること抜《ぬ》きの人生がないように、スローフード抜きのスローライフなんてありえない、とぼくは思っているのだから。

それにしてもスローフードとは変なことばだときみは思うかもしれないね。「ゆっくりな食べもの」だなんて。でもその疑問もまた「食べものは生きものである」ということからゆっくり考えていけば解けるはずだ。

第一部で見たように、生きものにはそれぞれの「生きもの時間」がある。ニンジンにはニンジン時間があり、ニワトリにはニワトリ時間がある。どの生きものもそれ独自の時間をそれぞれのペースで生きている。生きものである動植物は成長し、次の世代を残すための繁殖活動《はんしょくかつどう》をし、老い、死んでゆく。途中《とちゅう》で他の生きものに食べられるものもあるし、死んでから栄養となって他のいのちを育むものもある。個々の生きものの時間が鎖《くさり》のように長く連なって、種《しゅ》全体の時間をつくっている。

長い歴史の中で人間は、こうしたさまざまな種の生きもの時間に学び、そのペースにうまく自分たちのくらしのペースを合わせるようにして生きてきたはずなのだ。木の実や草の根を食べものにする人たちは、もちろん、その木や草が生きるペースをよく知って、それに合わせた生活をするだろうし、動物や魚の肉を食べる人たちは、えものの生活のリズムをちゃんとつかんでおく必要がある。欲ばっていっぺんにたくさんとってしまえば、次の世代を産み、育ててゆく動植物のペースが追いつかなくなって、結局、自分たちの食べるものがなくなって困ることになる。つまり、自分が生きていくためには、急がず、あせらず、相手の時間に合わせることが必要なのだ。

農業や牧畜《ぼくちく》や養殖《ようしょく》をする人たちは、ただ相手の生きもの時間にこちらのくらしを合わせるだけでなく、さらに一歩進めて、相手を自分のくらしのペースの中に引き入れることによって食べものをもっと確実に手に入れようとする。イネやムギは、人間がつくった田んぼや畑で、野生の植物だったときとはちょっとちがう時間や空間の中に生きて、多くの実をみのらせ、人間が一年を通じて食べる主食となる。牛や豚《ぶた》やニワトリなどの動物は、人間のつくった農場や牧場で、これもまた野生の動物とはずいぶんちがうくらしぶり――自分で探さなくても餌《えさ》が与《あた》えられる分、ずっとファスト――をしながらも、それぞれの動物に独特の時間を生きて、やがて人間の食べものとなる。

今世界中に生きている六十数億人が食べる食べもののほとんどは、農業や牧畜や養殖によって得られるものだ。大昔にはすべての人間がやっていた狩猟《しゅりょう》、採集《さいしゅう》、漁労《ぎょろう》――野生の動植物や天然の魚介類《ぎょかいるい》をとる活動――は、どんどん少なくなってゆく。それは、人間が入りこんできたために動植物の住んでいた場所が減ったからでもあり、また人間があまりにたくさんの動植物をあまりにも速いペースでとってきてしまったからでもある。

では、人間の時間と動植物の時間が歩みよるようにしてできたはずの農業や牧畜や養殖の方はどうなっているだろう。生きものを相手にするこうした仕事のことをまとめて第一次産業という。昔のお百姓《ひゃくしょう》さんたちに比べて、最近の第一次産業を仕事とする人々は、どんどんせっかちになってきていて、生きものたちが生きる時間のスローなペースがもう待ちきれなくなっているようなのだ。

第一次産業で働く人たちのことを生産者という。食べものを「うみ出す」人、という意味だ。でも食べものは生きものなのだから、その生きものを人間が「うみ出す」というのは奇妙《きみよう》ないい方だ。神様でもないのに、人間がいのちあるものを「生産」できるわけがないのに。ぼくが尊敬している食べもの研究家の結城登美雄《ゆうきとみお》さんによれば、農民は「生産者」などではなく、「待つ人」だ。待つことが上手な農民はこちらの都合ばかりを一方的に押《お》しつけないで、野菜の都合にも合わせることができる。「むこうからハクサイが来たら、ハクサイの一夜漬《いちやづ》けにしよう。キャベツが来たらロールキャベツで、というように」。農業とはそんなふうに作物が生きる時間を大切にしながら、人間の時間と作物の時間とのズレをうまくおり合わせる仕事だ、と結城さんは考える（『現代農業別冊・青年帰農』）。

第一部の第三章でぼくは、狭《せま》い場所にギュウギュウづめにされたニワトリや、ふつうより何倍も速く育つようにつくり直されたサケやレタスの話をしたね。それはみな、ぼくたち人間がいかに生きものたちの時間を大切にしていないか、を表わしているだろう。いや、それどころではないかもしれない。ぼくたちはもう、「食べものは生きものである」というあたり前のことさえ、忘れかけているのではないだろうか。

おいしさはありがたさ

生きものとしての扱《あつか》いを受けない生きものは不幸せにちがいない。それは、人間らしい扱いを受けない人間が不幸せなのと似ている。動物や植物に幸せも不幸せもない、と考える人もいるだろうが、ぼくの考えはちがう。ぼくは『ファーブル昆虫記《こんちゅうき》』で有名な昆虫学者のファーブル（一八二三―一九一五）の、どんな生きものにも「生きるよろこび」があるという考えに賛成だ。彼《かれ》は虫たちが鳴く理由をつきとめるためにいろいろ調べたすえに、こういう結論に達した。

「キリギリスのバイオリンや、アマガエルの風笛《ふうてき》や、カンカンゼミの歌は、きっと生きるよろこびを、虫それぞれのやりかたでうたっているのだと思うよりしかたありません」（『ファーブルの昆虫記・上』）

生きるよろこびを奪《うば》われた生きものたちの実や肉や卵がぼくたちの食卓にやってくる。不幸せないのちをいただいて、果たしてぼくたちのいのちは幸せになれるのだろうか、とぼくは疑《うたが》わずにいられない。ぼくたちの「生きるよろこび」もまた、自分が食べものとしていただく生きものたちを生きものらしく扱えるかどうかにかかっている、という気がするんだ。

スローフードということばの意味について考えてきたことを、このへんでまとめてみることにしよう。それは単にゆっくり食べようということじゃない。それも大事だけど、もっと重要なのは、「食べものは生きものである」ということを思い出すこと。そして、その生きもののまわりに流れるゆっくりとした時間を尊重すること。つまり、食べものを養殖し、栽培《さいばい》する人も、買う人も、食べる人も、みな「上手に待てる」ようになること。

食卓にはいろんな時間が混じりこんでいる。土の中の無数の微生物が植物を育てる時間。季節ごとの風や雨や虫。雨が降り土にしみ込《こ》み、植物の根がそれを吸い上げる時間。植物の成長に立ち会って、そっと手をそえる農民たちの時間。彼らのくらしのリズム。食物が都会へと運ばれてくる時間。調理や盛りつけの時間。そんないろんな時間の積み重ねの上に、今、こうして家族や友人たちが食卓を囲んでおしゃべりしたり笑ったりしながら、ゆっくりとした時の流れを楽しんでいる。また仏壇《ぶつだん》や神棚《かみだな》に供えた食べ物を通して、ぼくたちは、今はもうこの世にいない人々の時間ともつながっている。

そう思うと、食卓ってすごい場所だ。きみはそこでふと目を閉じてちょっと神妙に、「いただきます」という。それをいわないとなんかもの足りなくて変な感じがするだろう? それもそのはず、ぼくたちは本当にたくさんのいのちのおかげで、こうして生きている。ありがたいことだ。そのありがたさこそが、食べもののおいしさの最大の秘密なのではないだろうか。

第三章　たのしい引き算

なんにもないから楽しいんだ
生きているのが好きなんだ
（谷川俊太郎《たにかわしゅんたろう》「なんにもない」より）

足し算社会

経済成長を目標とするぼくたちの社会は「足し算社会」だ、とぼくは思う。人々は足し算ばかりやっていて、引き算のことなんかすっかり忘れている。まるで、みんな「足し算教」という宗教の信者になってしまったかのようだ。学校では「より速く、より多く」問題を解くことが、ビジネスの世界では「より多く、より速く」モノをつくり、売ることがいいことなのだと信じて、みんな「もっと、もっと、もっと」という合言葉をまるで呪《じゅ》文《もん》のように唱えている。

ここでちょっと英語の勉強をしよう。「足し算教」は英語でいえば、モア教。モア(more)とは、「多い」とか「たくさん」を意味するmanyやmuchの比較級《ひかくきゅう》で、「もっと」とか「より多い」という意味だ。このモア教では、more＝moreという等式が信じられている。つまり、「より多いことは、より多いことである」。例えば、お金が多ければ多いほど人はより（多く）幸せであるとか、モノが多ければ多いほど社会の豊かさが増えるとか。

このmore＝moreという考え方のいい例が、GNP（国民総生産）やGDP（国内総生産）というモノサシだ。きみも聞いたことがあるだろう、GNPやGDPが上がったの、下がったの、と大人たちが大騒《おおさわ》ぎしているのを。日本ではこの数十年間ずっと、GNPやGDPが大きくなることこそが社会にとって何より大事だと考えられてきた。GNPやGDPとは、ひとつの国で生産されるモノ（Pはプロダクツ、つまり商品としてのモノ）とそれを売買するお金の量を計るモノサシなのだ。モア教の信者たちは、この量の大きさによって社会の豊かさや人々の幸せが計れると信じている。たとえば、GNPが世界で一番大きいアメリカと二番の日本が、世界で最も豊かで幸せな国だと思いこんでいる。

しかし、モノの量やお金の量が大きいほど豊かで幸せだというmore=moreの考え方はあまりにも単純だときみは思わない？

経済学者の中にも、ＧＮＰやＧＤＰというモノサシのおかしさに気づいた人たちがいる。第一、「使われたお金」が多ければ多いほどいいとすれば、そのお金がいったい何のために使われたのか、はどうでもいいことになってしまう。いいことに使われたお金も、悪いことに使われたお金も、みんなＧＮＰを増やすものとして同じ価値をもつことになってしまうのだ。現に、犯罪や事故や災害や病気や離婚《りこん》のためにかかる莫大《ばくだい》なお金は経済成長の一部とみなされる。たとえば、タンカーが座礁《ざしょう》して大量の重油が海に流れるという事故は、被害《ひがい》の規模が大きいほど、ＧＮＰを押《お》し上《あ》げることになる。原生林《げんせいりん》が伐採《ばっさい》によって失われるたびに、誰《だれ》かがガンの宣告を受けるたびにＧＮＰが上がる。

つまり、豊かさを計るはずのＧＮＰというこのモノサシの中には、社会に害となることも、自然に害となることも、一緒《いっしょ》くたに混じりこんでいるのだ。「経済成長のためには戦争も環境破壊《かんきょうはかい》もしかたない」などというめちゃくちゃな考え方が、ここにも顔をのぞかせている。

ＧＮＰからＧＮＨへ

ヒマラヤの小さな国、ブータンの王様は、このmore＝moreという思《おも》い込《こ》みに疑問を感じたのだろう、あるとき、「私たちの国ではＧＮＰよりＧＮＨが大切だ」といった。ＧＮＨとはＧＮＰをもじって彼《かれ》自身がつくったことばで、ＧＮＰのＰのかわりに、Ｈを入れたものだ。そのＨとは英語で「幸せ」を意味するハッピーやハピネスのＨ。だからＧＮＨをあえて日本語にしようとすれば「国民総幸福」とでもなるだろう。ブータンの王様はなかなかしゃれた人だとぼくは思うんだ。彼はＧＮＰやＧＤＰの大きさばかり追いかけている日本やアメリカのような先進国の人々に、こういいたかったんじゃないかな。「人間の幸せがモノや金だけで計れるわけがない。現に、私たちの国には、モノやお金はあまりもっていないけど、先進国の人々よりもっと幸せな人たちがたくさんいるよ」、と。

このＧＮＨということばにひかれて、ぼくは去年の春と秋の二度、ブータンに行ってきた。特に交通の便の悪い村々ほど、今でも豊かな自然に囲まれて、人々は外から来るモノに頼《たよ》らない、農業を中心とした自給自足型の生活をしていた。村人どうしの助け合いがさかんで、まるで家族みたいにしょっちゅう行き来して、一緒に食事したり、お酒を飲んだり、歌ったり踊《おど》ったりしている。それはまさに絵に描《か》いたようなスローライフぶりで、人々の幸せ度（GNH）はかなり高そうだ。ブータンばかりではない。ぼくが訪ねたことのある世界中のさまざまな地域には、GNPのモノサシではとても貧しいはずなのに、何かうらやましくなるほどの満ち足りた幸せそうなくらしを送っている人々がたくさんいた。

ブータンの王様にならって、ぼくたちももう一度、「幸せって何？」、「豊かさって何？」と、問いなおした方がよさそうだね。そもそも、自然環境を壊《こわ》したり、世界のさまざまな場所に紛争《ふんそう》や戦争の種をまき散らしたり、人々を少数の金持ちと多数の貧乏人《びんぼうにん》に引《ひ》き裂《さ》いたりしなければ得られない豊かさや幸せって、いったい何なの、と。ぼくたちの社会にはいくらお金やモノをたくさんもっていても、不幸せで、生きているのがつらいと感じている人が少なくない。自殺する人も毎年三万人以上いるが、専門家によると、その十倍以上の数の人々が自殺未遂《じさつみすい》、つまり、死のうとして死にきれないでいるのだという。引きこもりや不登校の子どもたちも多いが、いやいや学校に行っている子どもたちはその十倍もいるはずだ。

どうやらぼくたちの「足し算教」は、自然界や外国の人々のめいわくになるばかりではないらしい。幸せを求めているはずの自分たち自身を、苦しめ、不幸せにしているようなのだ。

第一、ＧＮＰのようなどこかの経済学者がつくったモノサシだけで、自分の住む社会の豊かさや、そこに住む人々の幸福度が計れるなどと思いこむことがバカげている。今でもＧＮＰが上がったといっては喜び、下がったといっては悲しんでいる大人たちは放っておいて、きみたちは自分の幸せを計る自分なりのモノサシを用意することだ。ブータンの王様がＧＮＨということばを使っていいたかったのはたぶんそういうことだと思う。

より少ないことはより多いことである!?

さて、「足し算教」を抜《ぬ》け出《だ》すための方法は？　もちろん、鍵《かぎ》は「引き算」にある。

引き算上手になることだ。算数にだってプラスとマイナスがセットになっているだろう？　乗りものにはスピードをあげるためのアクセルもあるけど、スピードを落とすためのブレーキもちゃんとある。だから英語でも、もっと多いという意味のモア（more）だけじゃなく、「もっと少ない」という意味のレス（less）ということばを知っておく必要がある。

二千年以上昔から、東洋でも西洋でも、すぐれた思想家たちは人々に「足し算教」の怖《こわ》さを説き、それに代わるless＝moreという考え方を唱えた。そのまま訳すと、「より少ないことはより多いことである」。なんだって？　これはmore＝moreより奇妙《きみょう》に聞こえるよね。しかし、実はこの「引き算の教え」にこそ深い知恵《ちえ》が潜《ひそ》んでいるんだ。

たとえばきみの住んでいる家のことを考えてみよう。家具や電化製品やさまざまなモノでごった返していないかい？　そこから、ひとつまたひとつと引き算をしていって、モノをlessに（より少なく）してみよう。すると、部屋の中のスペースはmoreに（もっと多く）なって、部屋は広くなる。またモノを使ったり、その手入れをしたりする時間がいらなくなって（less）、もっと多くの時間（more）が手に入れられる。これがless＝

moreだ。

逆にたくさんのモノをもとうと思えば、もっと多くのお金が必要で、そのためには今よりもっと働かねばならなくなり、だからもっと忙《いそが》しくなり、家族や友だちと過ごす時間が「もっと少なく」なるだろう。また新しく買ったモノたちのせいで家はますます狭《せま》くなり、「もっと多く」のスペースをもつ家が必要になり、そのためにはまたもっともっと働かなければならなくなって、そうなればやっとローンを組んで手に入れた家にいられる時間は「ますます少なく」なるだろう。これじゃmore＝moreどころかmore＝less、つまり「より多いことはより少ないことである」だよね。

ここまでlessとmoreという量を表す英語を使って話をしてきたが、それはきみに、「量」ばかりを重視するぼくたちの時代のおかしさに気づいてもらうためだ。大切なのは結局「量より質」ということだと思う。もう一度英語でいえば、less＝better（goodの比較級、「よりよい」の意味）、つまり「より少ないことがよりよい結果につながる」ということもあるのだ。こういう引き算のよさを忘れてはいけない。

買い物ひとつとっても、より安いものをより多く買うより、より品質のよいものをより少なく買う方が、健康のためにも、自然環境のためにも、よりよい結果をもたらす、ということがよくあるものだ。たとえば、ぼくたちの日本は、自然環境に特に大きな悪《あく》影響《えいきょう》を与えることで知られる牛肉やエビの最大の輸入国だが、これからはぜひless＝betterを合言葉にして量を少なくする分、ちょっと値段が高くなっても、自然放牧にこだわる国産の牛肉や、マングローブ林を破壊しないエコ・エビを選ぶのがいい。それを食べる人の健康にも、生産地の環境にもそれが第一。また、便利といわれる機械になるべく頼らないようにすれば、電気の消費量も少なくなり、環境への悪影響も減り、その分からだを動かすようになり、自然に親しむ機会も増えて、こころにも身体にもいいということになるだろう。

「足し算教」の信者である大人たちのほとんどは、「引き算恐怖症《きょうふしょう》」の患者《かんじゃ》らしい。彼らは足し算こそが進歩であって、引き算は退歩、つまり、過去に戻《もど》ることだと思いこんでいて、その「あと戻り」を何より恐《おそ》れているのだ。

引き算の進歩

そんな人たちのために、政治学者のダグラス・ラミスさんは、「引き算の進歩」ということを教えている。彼によれば、実は本当の進歩は、足し算より引き算の方にこそあるのだ。（『経済成長がなければ私たちは豊かになれないのだろうか』）

すでに第一部で見たように、ぼくたち現代人は次から次へと発明される新しいテクノロジーを生活にとり入れてきた。その結果ぼくたちは電化製品やハイテク機器にますます頼るようになって、もうそれらなしには生きていけなくなっている。まるで、機械が殿様《とのさま》でぼくたちの方が家来《けらい》みたいだ。機械が命令することのいうなりになって、そのわがままにふり回されっぱなし。

ラミスさんはみんなにこう問いかけている。機械のおかげで便利になったとみんないうけど、本当はどうなんだろう。機械に頼りきるようになった人間は、昔の人たちがもっていたくらしのための身体的な能力や、仲間同士で協力し合う知恵や、自然界についての深い理解をどんどんなくしてしまったのではないか。この機械がないとこれができない、あの機械がないとあれができない、というふうになってしまったぼくたちは、実は自由になったのではなくて、かえって不自由になったのではないのか。

そこで便利だといわれている機械などのモノを少しずつ減らして、そのかわり、モノがなくても平気な人間になったらどうだろう、とラミスさんは言う。モノから自由になるのだ。人間の能力をだめにしてしまうような機械をひとつ、またひとつと引き算していって、逆に人間の能力を伸《の》ばしてくれるような道具をとり戻す。テレビをつけて人がつくってくれた「文化」を見るだけではなく、自分のくらしの中で、自分自身が文化をつくる人になる。モノやお金に頼ることなく、自分たち自身で生きていることを楽しむ能力――それが本当の文化というものだよ、とラミスさんはいうのだ。ぼくはこのラミスさんの意見に賛成だ。そういう文化の豊かさこそが、ブータンの王様のいうＧＮＨを高めてくれる。ＧＮＰやＧＤＰは低くなったとしても、人々はもっと幸せになれるはずだ、とぼくは思う。

「先進国」の現代人の誰もが引き算の練習をした方がよさそうだ。まずは政治家や経済学者に引き算を習ってもらおう。そうすれば地球温暖化の原因となるCO_2を引き算することができる。自然環境を破壊するムダな公共事業を引き算できる。自然エネルギーを進めて、危険な原子力発電所を引き算できる。そして経済競争が引き起こす戦争を引き算できるだろう。そのためにも、その引き算の教科書でもある憲法九条を大切にしなければならない、とぼくは思っている。

ズーニーが合言葉

ぼくたちの生活の場では、引き算は簡素《シンプル》でスローなカッコいい生き方を意味する。このぼくたちの新しいライフスタイルの合言葉がＺＯＯＮＹだ。ＺＯＯＮＹはズーニーと読む。このことばをきみは知っているかな？　たぶん知らないだろうな、ぼくが作ったことばなんだから。それは、「ムダ使いをせずに」というときの最後の「ずに」から来ている。たとえば、「自動販売機《じどうはんばいき》を使わズーニー、水筒《すいとう》を持ち歩く」とか、「割りばしを使わズーニー、マイはしを持ち歩く」とか、「電気をつけズーニー、ロウソクをともす」とか……。ここで水筒やマイはしやロウソクはどれもぼくの「ズーニー・グッズ」。つまりぼくのくらしをシンプルでスローでエコにしてくれる引き算の道具たちだ。ぼくには夢がある。すてきなズーニー・グッズをたくさん集めたお店を出すという夢。その店の名前は「ズーニーランド」。ディズニーランドがあれもあればこれもある、という足し算で有名なら、このズーニーランドはあれもこれもなしですますことができるという引き算が自慢《じまん》だ。

さあ、きみもぜひできるところから引き算《ズーニー》をはじめてみてほしい。「……せずに」の後には、「じゃあ、どうするのか」という問いが続く。その問いにきみは自分の知恵と想像力で答えるんだ。今まで「これが絶対に必要」とか、「あれなしには生きていけない」と思ったり、思いこまされたりしてきたモノやコトをズーニーして、それに代わるやり方（それを英語でオルタナティブという）を探し出し、考え出す。引き算は、「こうでなければならない」という決まりきった退屈《たいくつ》な世界に、ワクワクするような新しい可能性を開いていくんだ。

第四章　幸せはお金じゃ買えない

役に立つとはどういうことなのでしょうか？　役に立たないとはどういうことなのでしょうか？　たしかにわたしたちは歩くとき、足の下の地面を使っているだけです。でもだからといって、残りの地面をすべて……切りとって捨ててしまったら……

（ダグラス・ラミス『考え、売ります』より）

散歩

スローライフの入り口、それは「歩く」こと。それもできればゆっくり、じっくり、歩くこと。グズグズ、ノロノロ、ブラブラ、トボトボ……。

「歩く」ということについてちょっと考えてみよう。「歩く」には、二種類ある。第一に、ひとつの場所からもうひとつの場所へ移動するために「歩く」こと。この場合には目的地があって、その目的地に達することこそが目的だ。なるべく時間をかけないで、楽に行けさえすれば、途中《とちゅう》のことはどうでもいい。

しかし、同じ「歩く」でも、二番目の散歩の場合はずいぶんちがっている。そこには目的地というものがない。歩くというただそのこと以外にこれといった目的もない。「どこへいくか」より、歩いている「今」が大事なのだ。散歩には、なんでもありだ。寄り道、回り道、遠回り、脇道《わきみち》、横道、道草、ブラブラ。立ち止まってもいい、引き返してもいい。迷ったっていい。知り合いをみかけたら立ち話。一つひとつの道がちがい、同じ道でも昨日と今日とでは同じではない。雨と晴れではちがうし、冬と夏とではちがうし、桜とツツジではちがう。

ひとりで散歩するのと、誰《だれ》かと一緒《いっしょ》に散歩するのではぜんぜんちがう。誰と一緒に歩くかでいつもの道がまったく新しい道になる。足早に行きすぎるのとノロノロとカメのように行くのとでは、別世界。近所を歩きながら自分の気に入った木を選んで自分の友だちにする。するとその木の立っている道はもう前の道ではない。

二種類の「歩く」。目的地への移動と、目的地のない散歩。人生にはその両方が大切なのだと思う。しかし現代の日本人の多くは、目的地に向かってまっすぐ歩くばかりで、散歩の方を忘れかけているのではないか、とぼくは心配している。ブラブラと散歩するときのように、これといった目的もなしに自由にのんびりと過ごす時間を、ぼくたちはどれだけもっているだろうか。それもまた経済のモノサシによって、何の役にも立たない「ムダ」な遊びとして切り捨てられようとしているのではないか。

歩くこと、それがスローライフの第一歩。それも、目的地へとのびるまっすぐな道をはずれて寄り道したり、遠回りしたり、道草を食ったりすること。乗りものに乗らずに歩く。タダだし、からだにも環境《かんきょう》にもいい。誰にも迷惑《めいわく》をかけない。ひとりでゆっくりと、のんびりとそぞろ歩く。なんというぜいたく！　好きな人と並んで歩く。なんてロマンチックだろう。だまっていたっておたがいの気持ちが通じる。大切な人とよりそって歩く。相手の歩調に合わせて。ふだん話しにくいようなことも話せるだろう。

ぼくの宝もの

散歩上手になったら、次に、散歩と同じようにこれまで「ムダ」と思いこんできたことや、世間で「雑用」などと呼ばれてバカにされていることを、ひとつまたひとつと見直してみよう。人とムダ話をすること。ゆっくりと時間をかけて食べること。ボーッともの思いにふけること。願うこと。祈《いの》ること。何の役にもたたないと思われてきたことに、実はすごい価値があるかもしれない。

「役にたたないこと」だけでなく、「役にたたないモノ」についても考えてみよう。何の価値もないと思われてきたモノに、実はすごい価値があるかもしれないのだから。

きみの宝ものって何？　子どもなら誰だって宝ものをもっていると思う。ぼくはこんな歳《とし》になってもまだちゃんと宝ものをもっている。いや、ぼくが今これを書いているこの部屋は宝ものだらけだといってもいい。そのうちの多くは、ほかの人にとってはつまらないガラクタみたいなものかもしれないんだが。

旅先で拾ったり、人にもらったりした石ころ、貝がら、流木、木の実、種、鳥の羽、骨董品《こっとうひん》。友だちがつくってくれた工芸品、アクセサリー。娘《むすめ》たちの絵や工作のかずかず。階段には赤《あか》ん坊《ぼう》のころからの彼女《かのじょ》たちの写真や、彼女たちが生まれる前にぼくと妻がメキシコのピラミッドの前でとってもらった写真が飾《かざ》ってある。居間にかかっているたくさんの額の絵は画家であるぼくの母の作品だ。中には、彼女が以前、人が捨ててしまうような枯《か》れた花ばかりを熱心に描《か》いた時期の、ヒマワリ、アネモネ、バラ、ユリなどがある。ぼくがとった写真を引き伸《の》ばして額にいれたものもある。ペリカンたちが一列に入《い》り江《え》をわたってゆくエクアドルの海辺の村の夜明け。大木の上にまつられた小さな仏像が日を受けて輝《かがや》くミャンマーの夕暮れ……。

それらのモノたちがぼくにとってこんなにも大切でかけがえのないものに思われるのはなぜか。どうやら、それらのモノ自体に価値があるというよりも、そこにまとわりついている思い出や、そのモノの中に閉じこめられ、何かのついでにそこからにじみ出るすてきな時間こそがその理由らしい。

少ないものに群がるのをやめる

きみたちはあるものの「価値」をどうやってはかる？　世間では、お金のモノサシ、つまり値段で価値を考えるのがふつうだ。じゃあその値段はどう決まるかといえば、経済学では、それは「需要《じゅよう》と供給の関係」だという。つまりある商品を求める側と、それを提供する側との関係で決まる、と。ある商品がたくさん求められているのに、それがつくられ、お店に並べられる量が少なすぎて求めに応じられないときには、その値段は上がるだろう。逆に、大量にあるモノに対して、それを求める人が少なければ、その値段は下がるだろう。下げなければ売れないから。売れなければそれをつくったり店に並べたりしたことがみんなムダになり、それまでにかかったお金も時間もまるごと損してしまう、というわけだ。

ところで、この世には値段が高くてなかなかふつうの人には買えない、というものがよくあるよね。こんなに高いものがどうして売れるんだろう、と思うようなものもよくある。でも、その値段の高さは、それを求め、買う人がいるからこそ保たれているのだ。

この世の中に少ししかないものがすごく高い価値をもつことがよくある。これを希少《きしょう》価値《かち》という。たとえば、ダイヤモンドの値段がびっくりするほど高いのは、それがそれだけ美しいからだと思う人がいるけど、実はちがう。ダイヤの価値はその希少性《きしょうせい》、つまり供給量の少なさ、によって決まるのだ。もしそれがどこにでも転がっているものだったり、誰にでも簡単に手に入れられるものだったりしたら、どうだろう。どんなにそれが美しいものでも、高い値段などつきっこない。

　びっくりするほど高いこの小さな石を、しかし、自分の給料の数カ月分をつぎこんでも買い求めようとする人は少なくない。ダイヤモンドはたしかに人々をワクワク、ドキドキさせ、強烈《きょうれつ》な喜びを与《あた》えるようなのだ。婚約《こんやく》や結婚のときに贈《おく》られる指輪でも、いちばん価値の高いものとされるのはダイヤモンドだ。前に「愛よりも深く」というダイヤモンドの広告を見て、笑ってしまった。結婚には離婚《りこん》があり、愛も冷めることがあるけれど、ダイヤの価値は下がることがない、というわけだろう。

　ダイヤモンドのように値段の高いものを、では人々はなぜ欲《ほ》しがるのだろう。ぜいたく品を買い求めるときのワクワクはどこからやってくるのか。ひとつの理由は、みんながそれを欲しがるから。希少なものに多くの人が群がる。するとそこに競争が生まれる。競争に参加し、競争に勝つという喜びが生まれる。多くの人がもっていないもの、もちたくてももてないものを、自分はもっている、という喜び。

　しかし、忘れてはいけない。ダイヤモンドを買えるのは世界でほんの少数の人たちだけだ。彼《かれ》らの喜びのウラ側には、同時に、競争に参加できない寂《さび》しさや、競争に負ける悲しみも生み出されている。高い買いものは、勝者と敗者へと人々を引き裂《ひさ》く。勝者が少なければ少ないほど、敗者が多ければ多いほど、勝者の喜びは強烈になる。少数の人のぜいたくの喜びは、多くの人の中にたくさんの羨望《せんぼう》やねたみや欲求不満《よっきゅうふまん》を引きおこす。一方、ぜいたくの喜びも長続きはしない。ひとつの希少なものを手に入れた人は、すぐにそれにあきて、さらに希少なもの、さらにめずらしくて高価なものに手を伸ばすだろう。

モノを売る方でも、人が一度買ったもので満足してしまって、もう新しいモノを欲しがらないようでは困る。売り上げを伸ばすためには、買い手をいつも欲求不満、つまりあれが欲しい、これが欲しいという欲求が十分に満たされていない状態にしておかなければならない。買い手に「あれを買いなさい」、「これが必要です」という広告を流し続けている売り手は、だから、人々に満足や喜びを供給しているように見えて、実は欲求不満をこそばらまいているのだ。

というわけで、ぼくたちがその中に生きている経済のシステムというものは、人々の自分に対する不満や、自分が今もっているモノについての不満を燃料にして動いている機械のようなものだ。だが、今や人々は自分が抱《かか》えこんだ欲求不満の重みに押《お》しつぶされそうになっているのではないか。ぼくにはそんなふうに見える。そればかりではない。地球もまたその重みに悲鳴を上げ始めている。

ないものねだりから、あるもの探しへ

さて、話をもとに戻《もど》そう。モノの値段が高いのはそれが希少だからだった。少ないものを多くの人が求めるから。では宝石や金《きん》のような希少金属の価値を下げるにはどうしたらいいか。簡単なことさ。欲しがることをやめることだ。少ないものに向けていた関心を、もっとざらにあるものへと向けなおすだけでいい。ぼくにとってぼくがカナダの島で拾った石は宝石なのだ、と考えればそれでいい。

アメリカのアリス・ウォーカーという詩人が、ある詩の中でこんなことを言っていた。海辺に落ちている鳥の羽や貝がらや石といったものには、経済的な価値はない。それらは海岸ならばどこにでもあるものだから、お金というモノサシではかれば何の価値もない。しかし手にとってよく見れば、そのひとつひとつにはこの世にふたつとない独特の

美しさがある。気の遠くなるような時のめぐり合わせの末に、ひとつの石が今ここにこういう形をとって、自分の手のひらの上にのっている。それはひとつの奇跡《きせき》。では、羽や貝がらや石に息をのむような美しさを見つけたのは誰？　私自身。それら一見ありきたりのものに向けられた私の関心が、それらを宝ものに変えたのだ。

ひょっとするとこれはひとつの革命ね
希少なものへの関心にも負けない
たくさんあるものへの私たちの愛

（アリス・ウォーカー「私たちだけが《ウイ・アローン》」）

「ないものねだりから、あるもの探しへ」という九州や東北の人たちがつくった標語がある。東京のように「進んだ」場所に合わせるために「あれがない」、「これがほしい」とばかり考えることはそろそろやめにして、自分たちが住む地域の自然や文化の豊かさを活《い》かしながら自分たちらしいペースで生きていこう、という気持ちがそこにはこめられている。たしかに、ぼくたちの社会ではこれまで、「発展」とか「開発」といえば、「ないもの」や「足りないもの」を地域ごとに特定して、それを手に入れることを意味することが多かった。つまり、今ここに十分ない「希少なモノ」に関心を寄せることが重要だとされてきたのだ。そして、ひとりひとりの人間の幸せについても、自分に「ないもの」や「足りないもの」を探したり、まだ「もっていないもの」を買い求めたりすることだ、と信じる人が多かった。

しかし、モノと幸福感の関係について調べたデヴィッド・マイヤーズという心理学者はこんな結論にいたったという。「幸福とは欲しいものを手に入れることではなく、すでに持っているものを欲しいと思うことなのだ」。つまり、自分がもうもっているモノも含《ふく》めて、今のままの自分に十分満足していて、あれが欲しい、これが欲しい、と思わないことこそが幸せだといっている。(『経済成長神話からの脱却』)

どうやら、ぼくたちの発想を大きく転換《てんかん》することが求められているようだ。もっていないものを追い求めることから、もっているものを楽しむことへ。ないものねだりから、あるもの探しへ。遠い場所から身のまわりへ。希少なものばかりに群がる自分から、一見どこにでもざらにあるものに熱い眼《まな》ざしを向ける自分へ。お金ではかられる価値のすぐ横にお金でははかれない価値をおいてみる。自分のものにする喜びのそばに、ほかの人たちと分け合うれしさを、おいてみる。

きみには想像できるだろうか。ちょっと前まで子どもたちの楽しみはほとんどみんなタダだったということが。今ではたくさんのお金がなければ買えないような、遊びのためのさまざまな道具や機械や施設《しせつ》なしに楽しく遊ぶことは、とてもむずかしいときみたちは感じるかもしれないね。しかし昔の子どもたちはそんなもの何ひとつなしに、みんな楽しく、夢中で遊んでいた。ぼくがよく行く「南」の国々では今でもそうだ。そこでは誰も、「……がないから遊べない」などと思わない。今ここにあるもので遊ぶだけだ。ないものについて不平をいうひまがあったら、あるものを活《い》かして楽しんでしまう。誰も、楽しむことにお金がかかるなんて思ったことさえない。お金がない人は楽しむことができないなんて、ありえない！

そう思うと、日本はずいぶんさびしい場所になったものだ。それはまるで自分たちで楽しく遊ぶ力をとり上げられて、どこか遠くへもっていかれてしまったかのようだ。そんな力を、ぼくたちは、自分たちのもとへとり戻さなければいけない。つまり、お金だけではかれないような価値を自分でつくり出し、育てる能力を、自分の中に、家庭の中に、地域の中に生き返らせるんだ。

でもそれはね、実はとても簡単なこと。きみが大切にしている宝ものや楽しみについて考えてみればすぐわかる。きみの宝ものは、人から見れば一円の価値もないガラクタかもしれない。きみの好きな本は、人には何の役にも立たないものに見えるかもしれない。きみの楽しみは、はた目には無意味な時間の過ごし方と見えるかもしれない。なのに、そのモノを手にとって見ているだけで、その本を読んでいるだけで、その人たちといるだけで、空を見ているだけで、手作りのお弁当を広げているだけで、きみはこんなにも幸せだ。ほらね、人生でいちばん大事なものはお金じゃはかれないし、お金じゃ買えないということを、きみはもうよく知っている。

第五章　遊ぼう、外にとび出そう！

でも、教えて、子どもたちはどこで遊べばいいの？
（キャット・スティーブンス「Where Do the Children Play ?」より）

遊ぶために生まれてきた!?

きみは外で遊ぶのが好き？　ぼくは子どものころ、休みの日はもちろん、学校のある日も毎日、暗くなるまで外で遊んでいた。今でも外で遊ぶのは好きだし、子どもたちが外で遊んでいるのを見るのも好きだ。

でも、最近、日本のあちこちを旅していて思うのは、子どもの姿をあまり見かけないことだ。特に、昔はどこにでもあったような外で遊ぶ子どもたちのいる風景が見当たらない。外国にしばらくいて日本に戻《もど》ったときにはなおさらそれを痛感する。

『遊びと日本人』という本の中で、ぼくが尊敬しているフランス文学者の多田《ただ》道太郎《みちたろう》さんがこう言っていたっけ。

「幸いなことに、私たちはまだ、野原で無邪気《むじゃき》に遊びたわむれる子供たちを持っている。雀《すずめ》の群れが気紛《きまぐ》れに飛びおり、いっせいに飛びたつように、彼《かれ》らは気紛れにむらがり、いっせいに走り去る。そのうしろ姿は私たちに何かある確実なものを語りかけていないか。じっさい、遊ぶ子供の声をきけば魂《たましい》までもゆるがされるのである」

多田さんがこれを書いたのはもう三十年も前のこと。その時、多田さんの念頭には、平安時代の終わりごろの『梁塵秘抄《りょうじんひしょう》』という歌謡集《かようしゅう》に出てくるこんな歌があった。

遊びをせんとや生《う》まれけむ
戯《たわぶ》れせんとや生《む》まれけん
遊ぶ子供の声聞けば
我《わ》が身《み》さへこそ動《ゆる》がるれ

「人間って、遊ぶために生まれてきたんじゃないかな。遊んでいる子どもたちの声を聞いているだけで、大人である私たちもワクワク、ドキドキしてしまうよ」。これが八百年前の歌だ。ここに表現されている感覚は、まだ三十年前の多田さんの中では生き生きとしていたらしい。でもそれはその後、どうなってしまったんだろう？　ぼくたちはもう三十年前の多田さんのように、「野原で無邪気に遊びたわむれる子供たちを持っている」とはいえない。時がたつのも忘れてたのしそうに遊ぶ子どもたちの声をきくこともできない。第一、ぼくたち大人は昔の大人たちのように、遊ぶ子どもの声を聞いてワクワク、ドキドキするような、そんな「魂」をもっているのだろうか。

「人間って、遊ぶために生まれてきたんじゃないかな」なんて、八百年前の人たちはすごい歌を歌っていたものだ。きみはどう思う？　遊ぶためじゃなかったら、いったいぼくは何のために生まれてきたんだろう？　ぼくはいろいろ考えた末に、たしかに、この歌を歌っていた八百年前の人たちのいうとおりかもしれないな、と思うようになった。

遊ぶことにかけては、大人たちは子どもたちにかなわない。人間は生まれながらにして遊びの名人なのだ。大人たちができるようなことを何もできない子どもでも、遊ぶことにかけては一流。それが、成長して大人になるころには遊ぶことがすっかりへたになっている。なぜかというと、それは多分、「時間をムダに過ごす」ことが不得意になるからではないか。遊びとはそもそも時間をムダに過ごすことだから、時間をムダに過ごすことができない大人は遊ぶこともできないというわけだ。

そもそも「ムダ」とは何か。それは「役にたたない」、「利益がない」ということ。大人たちは、遊んでいる子どもをつかまえては、「遊んでないで、何かの役にたつことをしなさい」という。では、「役にたつこと」とは何か。ある目的を達成するために必要なこと、子どもなら勉強、大人なら仕事。勉強するのはいい学校にいくため。いい学校にいくのはいい仕事につくため。仕事をするのはお金をかせぐため。いい仕事とは、なるべく楽にいい給料をもらえる仕事。ただ生活のために必要なお金だけでなく、いろんな便利さやぜいたくが楽しめるくらいたくさんのお金。じっさい便利な暮らしにはお金がかかる。では何のための便利かといえば、それは時間を節約するため。その節約してできた時間を、働かずに楽に遊んで過ごすため。でもそのためにはお金がかかるから、そのお金をかせぐためにはもっと働かなくてはいけない。働かなくてもいい時間を得るためにもっと働かなければならないのだ。変だよね、これって。

社会全体からみても同じようなことがいえる。社会はきみが「役にたつ人」であるかどうか、「役にたつ仕事」をしているかどうか、を見張っている。特に、経済成長や効率性が優先されるぼくたちの社会では、お金こそが、「役にたつ」かどうかをはかる大事なモノサシだ（このことについては第一部で詳《くわ》しくみてきたね）。個人的にも、社会的にもお金に結びつかないような活動は、ふつう「雑用」などと呼ばれて軽くみられ、ときにはバカにされ、いざというときには切り捨てられさえする。

しかし、もしぼくたちが、あの八百年前の歌や三十年前の多田さんのことばどおり、みんな遊ぶために生まれてきたのだとしたら、どうなのだろう。いい学校に行くためでもなく、いい会社に入るためでもなく、高い地位につくためでもなく、お金持ちになるためでもなく、遊ぶために生まれてきたのだとしたら？　楽しいということの他には何の役にもたたない時間を過ごすために生きているのだとしたら？

アウトドアは楽しい不便だ

ぼくは旅の先々で、山歩きをしたり、泳いだり、キャンプをしたり、カヌーを漕《こ》いだり、ピクニックをしたり、バードウォッチングをしたりして楽しんでいる。野外でのこうした遊びを「アウトドア」という。最近はよく日本語として使われるので、きみも知っているかもしれないね。もともと「屋外」を意味するこのありきたりの英語についてぼくが改めて考えるようになったのは、カナダのバンクーバーに住んでいた頃《ころ》のことだ。

周囲を海と山と森に囲まれたカナダ有数の都市バンクーバーは、他の大都会にはない不思議な魅力《みりょく》をもつ街だ。それは四季を通じて野外での楽しみを求めて人々が世界中から訪《おとず》れるアウトドアの一大中心地でもある。観光客ばかりではない。街の住民たちの間にもアウトドアへの情熱が広く行き渡《わた》っている。アウトドア用品の店が実に多い。地元の人たちは日常雑貨や普段着《ふだんぎ》を買うような感じで、アウトドア用の道具や防寒着や防水服や靴《くつ》を買い求める。実際、街を歩く人の多くが日常的にアウトドア・ウェアを着込《きこ》んでいる。

「アウトドアジー」ということばをよくきく。「アウトドア風の」という意味の造語だ。アウトドアジーな人、車、ライフスタイル、というように。そして何よりも、この街全体の雰囲気《ふんいき》がアウトドアジーだとぼくは感じる。

休日には多くの人々が森や海に出かける。日の長い夏の数カ月、人々は毎日のように五時に仕事を終えてから、自転車で遠出したり、ピクニックをしたり、カヌーを漕いだり、山登りをしたり、ウィンドサーフィンをしたりして楽しむ。それは、日本人の多くが仕事の後にパチンコ屋に行ったり、買物に行ったり、飲み屋に行ったりするのと同じような一種の習慣なのだろう。それにしても大都会に住む人々が何に愉《たの》しさや美しさや安らぎを見出すかという「こころの習慣」が、日本とカナダではこうもちがうものなのか、とぼくは感心させられたものだ。

しかし、今、日本でも「アウトドア」ということばが定着し、アウトドアの遊びを楽しんだり、アウトドアジーな暮らしのスタイルを求める人々の数は増えつづけている。そもそも「アウトドア」ということばが流行しているのは「先進国」と呼ばれる四十カ国ほどに限られている。つまり、このことばは人工の世界が自然界から切《き》り離《はな》された結果、そこに住む人々が「生きづらさ」を感じていることを示しているのだ。そしてその生きづらさは、暮らしの中から何か重要なものが失われたことを意味しているだろう。失われたもの、それは多分、遊びだ。しかも遊びの中でも、最も古くて、最も深くて、人間にとっての根っこのような遊び。それは自然とたわむれるという遊び。

失われた自分の根っこを求めて、だからぼくたちは屋外へと出かけてゆくのではないか。つまり、アウトドアとは、自然とのたわむれをとり戻し、それで生活の中にポッカリと空いた穴を埋《う》めようとする試みなのではないだろうか。

思えば、アウトドアとは「楽しい不便」だ。重い荷物をもって、電気も水道もレンジもないところへ出かけていってキャンプをする。なんでわざわざそんな不便なことをするのだろう？　もちろんそれが楽しいから。不便と楽しさがそこでは裏と表のようにピッタリとくっついている。

もちろん、不便がいつも楽しいとは限らない。でも、「楽しい不便」というものがあることを知っておくのは大事なことだ。同じように、便利が必ずしもいいことだとは限らないということを、ぜひ知っておいたほうがいい。

「便利」をこえて

きみは便利ということばで何を思い出す？　高速道路、携帯《けいたい》電話、コンビニ、自動販《はん》売機《ばいき》、全自動の炊飯器《すいはんき》や風呂《ふろ》、コンピューター、インターネット……。便利はまさに現代社会のキーワードだ。便利のすばらしさに疑いを差しはさむ人は変わり者といわれ、ひどい時には仲間はずれにされる。便利のためには相当の犠牲《ぎせい》が伴っても人々は平気だ。自動車という便利のためには、毎年世界で八十八万人もの人が交通事故で死んだり、もっとずっと多くの人が排気《はいき》ガスによる空気汚染《おせん》で病死したりすることもたいして気にならない。自動車を走らせるための石油をめぐって戦争が起きたり、道路をつくるために貴重な自然が壊《こわ》されたりしても、平気でいる人がほとんどだ。どうやら、便利は一種の宗教らしい。人々はそれをあがめ、その前にひれ伏《ふ》す。自動ドアをもつ家をつくる業者がいて、そういう家で子どもを育てたいと思う人がいる。便利だからだ。液晶《えきしょう》を使って「一年中楽しめる」人工ホタルを発明する科学者がいて、それを買う人がいる。便利だからだ。日本には今、四万店をこえるコンビニ（便利を意味するコンビニエンスという英語から来た名前）と、五百五十五万台の自販機がいつ来るともしれない気まぐれな客を待って、夜を明るくしてくれている。ああ、なんという便利な世の中だろう！

便利教という宗教のこわさについて、もうきみは十分知っていると思う。便利の裏側にはいつもいろんな不便がくっついてくるということ。公害も環境破壊《かんきょうはかい》も、便利教が引き起こした大きな不便だということ。ぼくたち人間は便利を手に入れるために、他人に迷惑《めいわく》をかけるばかりか、自分自身が生きていくための土台さえ平気で掘《ほ》りくずしてきたのだということ。

それだけではない。便利はぼくたち自身の能力を低下させたり、心やからだの健康に害を与《あた》えたり、生きる楽しさをとりあげたりすることもあるのだ。たとえば、車のせいでぼくたちの歩く能力は衰《おとろ》え、肥満などの健康上の問題が増え、散歩の楽しみが減る、というふうに。

「楽」という漢字には大きくいってふたつの意味がある。ひとつは楽しいとか快楽とかの「楽」。もうひとつは便利とか簡単を意味する「楽」。「楽《たの》しいこと」と「楽《らく》なこと」。このふたつを混同し、まるで同じことを意味しているかのように思いこむのは危険なことだ。少し考えればわかるように、楽《らく》なことが楽《たの》しいとは限らない。便利で楽なことが、かえってぼくたちの楽しさをうばってしまうこともある。そして、楽しいことが、難しかったり、複雑だったり、面倒《めんどう》だったり、時間がかかったりすることはよくある。そればかりか、難しくて、複雑で、面倒で、時間がかかるからこそ、楽しい、ということも珍《めずら》しくない。

だから、ぼくたちはやっぱり、「楽《たの》しいこと」を「楽《らく》なこと」から区別しておいたほうがいい。ファストな「楽《らく》」を手に入れるために、スローな楽しさや気持ちよさを犠牲《ぎせい》にしないようにしよう。そう考えるのがアウトドアという遊びだ。それは、楽で便利なことのかわりに不便で時間のかかるスローな楽しさをぼくたちに与えてくれる。

デコボコでスローな世界へ

アニメ映画の宮崎《みやざき》駿《はやお》監督《かんとく》がどこかで言っていたことを思い出す。元気のない今の幼い子どもたちに元気を出してもらうためには、まず保育園や幼稚園《ようちえん》の庭をデコボコにするのがいい、と。実際にそうした保育園があって、子どもが確かに生き生きと元気にかけ回っているという。しかしどうやらこれは幼い子どもばかりの問題ではなさそうだ。つまり、ぼくたちが生きる人工の世界は、どこもかしこもまっ平《たい》らで、ぼくたちはみんなデコボコという楽しさをとりあげられてしまったのではないだろうか。

デコボコはたしかに不便だし、効率的ではない。便利さと効率性ばかりを追い求める経済中心の社会は、デコボコが好きではない。でもデコボコこそ自然界の特徴《とくちょう》だといえる。日本は、二十五倍もの広さをもつアメリカよりも多くのコンクリートを使って、世界一のペースで自然のデコボコを人工的で平らな平面に変えてきた国だ。単に一部の人々の経済的な利益のためというだけでは説明できない「反デコボコ」や「反自然」の力が社会全体に強く働いていたとしかぼくには思えない。もちろん、それは一方で経済成長の原動力となったわけだが、もう一方では、いたるところで自然環境と地域の文化を破壊して、楽しくない世の中をつくることにもなった。

そんな世の中にあって、アウトドアの遊びをとおして、ぼくたちは自然界のデコボコを——そしてデコボコの世界だけがもつ楽しさを——近代的な暮らしの中に呼び戻そうとしているのではないだろうか。アウトドアを楽しむときの大人たちは、「ままごと」をしている幼い子供たちにそっくりだ。たき火を囲んでは、まるで、自分たちも知らない遠い昔の人々の暮らしをなつかしむかのようでもある。またそれはすっかりよそよそしくなってしまった自然界との仲なおりのための儀式《ぎしき》。人間の世界だけではなく、自然

界を含《ふく》めた広い世界の一員としての自分の場所を再発見しようとしているようでもある。

アウトドアという遊びに参加するきみは、日常の生活の中に流れる時間とはずいぶんちがう時間の中に入りこむ。食事のしたくをするときの時間、たき火を囲む時間、釣《つ》り糸《いと》の先の浮《う》きを見つめる時間、カヤックで水をすべる時間。山の尾根道《おねみち》を歩く時間、テントの中の時間、星空をあおぎ見る時間。一見、静かで地味なそれらの時間のそれぞれが、きみの「魂」を揺《ゆ》さぶる。

しかもアウトドアは屋外《アウトドア》にだけとどまるものではない。きみはあのアウトドアのデコボコの世界の断片《だんぺん》や、楽しく美しく安《やす》らかな時間の余韻《よいん》を屋外から自分の家へともち帰るだろう。そしてそれらは、日常の中にまぎれこむ。あのデコボコな空間やスローな時間が流れ込んだきみの毎日の生活はもう、以前とは同じものではない。忙《いそが》しさやあわただしさの中に戻っても、きみはもう以前とはちがうきみ。きみはたしかに前より生き生きと輝《かがや》いているだろう。

第六章　カナダの少女セヴァンの旅

大地を守るために闘《たたか》うだけでは十分とはいえない。それよりもっと大切なことがある。それは大地を楽しむこと。

（エドワード・アビー）

ぼくの「先生」

前章で、アウトドアジーな都会バンクーバーについて話したね。この章では、そのバンクーバーに生まれ育ったひとりの若い女性の話をしよう。セヴァン・カリス・スズキ。この名をきみも聞いたことがあるかもしれない。一九九二年、ブラジルのリオ・デ・ジャネイロで行われた「地球環境《かんきょう》サミット」でのことだ。十二歳《さい》だった少女セヴァンのわずか六分間のスピーチは、その場にいた各国の首脳たちに大きな感動を与《あた》えたばかりか、その後もビデオや本を通じて世界のすみずみに広がり、今も人々に大きな影響《えいきょう》を与えつづけている。

現在セヴァンは二十六歳、カナダの大学院で民族生物学という学問の研究をしている。子どものころにはじめた環境活動に彼女《かのじょ》は今も熱心で、今やっている研究のテーマも、長年の活動の中から生まれたものだ。

セヴァンのお父さんと親しいぼくは、彼女を子どものころからよく知っている。ぼくは世界のあちこちで環境運動家とか活動家とか呼ばれる人たちにたくさん会ってきたけれど、セヴァンほど楽しそうに環境運動をやっている人に会ったことはない。その意味で、セヴァンは子どものころも、今も、ぼくにとっての「先生」なんだ。

セヴァンは一九七九年、カナダ、ブリティッシュ・コロンビア州のバンクーバーに、日系三世の生物学者で、テレビキャスターとしても著名なデヴィッド・スズキの子どもとして生まれた。子どもの頃《ころ》からカナダの豊かな自然の中で遊びまわって、熱心なアウトドア愛好者になった父親の影響で、セヴァンもキャンプ、ハイキング、釣《つ》りを楽しみながら育った。仕事や趣味《しゅみ》のために旅をする両親にくっついて、カナダ各地を訪ね、先住民族であるインディアンの文化や大自然の豊かさを体験することもできた。

アマゾンの奥地《おくち》からのお客さん

セヴァンが八歳、そして妹のサリカが五歳の時のこと、両親は南米アマゾンで計画されていた巨大《きょだい》水力発電ダムの建設に反対するブラジルの先住民族の闘《たたか》いを応援《おうえん》するようになっていた。この闘いの先頭に立っていたカヤポ族という先住民族のリーダー、パイヤカンは、ダム建設を強引《ごういん》に進めようとする人々によって繰《く》り返《かえ》し脅迫《きょうはく》されていた。その彼《かれ》の身にいよいよ危険がせまったとき、カナダにしばらく身をひそめることになり、一家五人でセヴァンの家に同居することになった。そのときのことを思い出してセヴァンはこういう。想像してみて！　アマゾン奥地の熱帯林の中で、石器時代と同じような生活をしていた先住民の家族が、バンクーバーという都会にやってきて、しかも私たちのうちに住んだの。いまだに信じられないくらいよ。

スズキ一家はパイヤカン一家を連れて、ブリティッシュ・コロンビア州の各地にカナダの先住民族を訪ね、意見を交《か》わしたり、互《たが》いの文化について学び合う機会をつくった。セヴァンとサリカは、すぐパイヤカンの子どもたちと仲よしになった。熱帯のジャングルからのお客さんたちは生まれてはじめて見る雪と海にびっくり。子どもたちのいちばんのお気に入りは水族館で見たクジラだったという。

やがてブラジルでの政治的な状況《じょうきょう》がよくなって、パイヤカン一家はアマゾンの奥地へ帰ることになった。お別れのときが来た。子どもたちはみんな涙《なみだ》を流して別れを惜《お》しんだ。別れぎわにパイヤカンはお礼のことばにそえて、スズキ一家を自分の村に招待したいといった。その招きを受けて、次の年、スズキ一家は低地アマゾンのシングー渓谷《けいこく》奥深くにある、カヤポ族の村を訪れることになった。

セヴァンとサリカは、パイヤカンの子どもたちとの再会をよろこんだ。今度は自分たちが見知らぬ土地ですべてを教えてもらう側だ。裸《はだか》のからだに様々な模様《もよう》を描《か》いた人たちとともに過ごした森のくらしは、セヴァンに強烈《きょうれつ》な印象を与えた。

「カヤポの人たちは私たちに多くのものを見せてくれました。どうやって電気ウナギをつかまえるのか。どこにカメは卵を隠《かく》すのか。かれらは私たちを森に散歩につれていき、昼ごはんに新鮮《しんせん》なパパイヤを切ってくれました。私たちは川で泳ぎ、岸辺では人々が小さなピラニアを釣《つ》っていました。カヤポの人々が何千年も生きてきたのと同じようにして、私たちは毎日をすごしました」（『あなたが世界を変える日』）

子どもだけど、私は知っている

あの時、私はアマゾンの森に恋《こい》してしまったの、とセヴァンは回想する。数週間が過ぎて、スズキ一家がカナダに戻《もど》るときがきた。小型飛行機にのって村を飛びたち、海のようにどこまでも広がるアマゾンの森の上へ出る。そこでセヴァンは不思議な光景を見た。あちこちにモクモクと煙《けむり》が広がり、ところどころに火の手があがっている。恋する森が燃えているのだった。セヴァンは夢の世界から急に現実の世界へと引き戻されたような気がした。

それはアマゾンの森を焼いて牧場や畑などとして開発するための火だった。そこでつくる牛肉や大豆を海外に輸出してお金をもうけるために、世界最大の森は今、一年に二万六千平方キロメートル（東京都の面積の約十二倍）という猛《もう》スピードで破壊《はかい》され、このままいけば今世紀後半には原生林はすっかり消えてしまうだろうと予想されている。

燃えているアマゾンの森を見たあのときに、私の人生のすじ道が決まったのかもしれない、とセヴァンはいう。環境活動家としての今の自分も、生物学を学ぶ今の自分も、あのときに歩きはじめたような気がするの、と。

カナダに戻った五年生のセヴァンは、友だちとＥＣＯ（子ども環境運動）というクラブをつくって活動をはじめた。手はじめに彼女の遊び場だった地元の海岸のそうじにとり組んだ。

「ＥＣＯの活動はすごく楽しいものでした。集まっておしゃべりするだけでも楽しいのに、お母さんにつくってもらったクッキーを食べながら、いつも新しくておもしろいことを学んでいたのですから」

やがて、セヴァンは翌一九九二年にリオ・デ・ジャネイロで「地球環境サミット」が開かれることを知り、ＥＣＯの仲間たちとともに、その会議に参加することを決意した。

この会議の結果によって最も大きな影響を受けるのは子どもたちの世代だ。ならば、その重要な会議に子どもの代表を送らないわけにはいかないと、彼女は考えたのだ。

「そんなことが子どもたちにできるわけはない」と大人たちは反対した。でも、セヴァンと仲間たちはひるまなかった。リオに行くために必要なお金を自分たちの力で集めようと活躍《かつやく》する子どもたちの姿に動かされた大人たちも協力してくれるようになり、しまいにはセヴァンをふくむ五人の子どもチームをリオに送ることができることになった。

サミットの会場には地球環境問題に深い関心を寄せる人々が世界中から集まっていた。そこでブースをかまえたセヴァンたちＥＣＯの一団は、毎日ひとりでも多くの人と会って自分たちの思いを伝えようとした。それはサミットも最終日となり、子どもたちが帰りじたくをはじめたころだった。思いがけない知らせがとびこんできた。サミットの最後をかざる全体会議で、「子ども代表」としてスピーチする機会をくれるというのだ。

十二歳のセヴァンが壇上《だんじょう》にたった。そして、ロシアの大統領やアメリカの副大統領など、さまざまな国の代表であるおとなたちを前に、六分間のスピーチをおこなった。

「あなたたち大人のみなさんにも、ぜひ生き方を変えていただくようお願いするために、自分たちで費用をためて、カナダからブラジルまで一万キロの旅をしてきました。今日の私の話には、ウラもオモテもありません。なぜって、私が環境運動をしているのは、私自身の未来のため……」

スピーチの中でセヴァンは、自分が好きなものは何か、自分にとって大切なものは何か、そして自分の夢は何かを語り、しかし、それらが深刻な環境危機の中で壊《こわ》され、失われようとしている、という恐怖《きょうふ》を訴えた。

「もし戦争のために使われているお金をぜんぶ、貧しさと環境問題を解決するために使えば、この地球はすばらしい星になるでしょう。私はまだ子どもだけどそのことを知っています……」

スピーチが終わった時、人々は立ち上がって泣いていた。セヴァンはその反応の激しさに驚《おどろ》くばかりだった。各国政府の代表や、政治家ばかりか、会場で警備にあたっている人たちまで目に涙をためて「本当に大事なことを思い出させてくれてありがとう」と、彼女に言った。

その時以来、彼女は世界中の様々な場所から講演の依頼《いらい》を受けるようになり、やがて、若者世代を代表する環境問題のリーダーとして知られるようになった。一九九七年から二〇〇一年にかけては、国連の「地球憲章」をつくる作業にいちばん若いメンバーとして参加した。アメリカのイエール大学に進んで生物学を専攻《せんこう》したが、その間も仲間をあつめて環境活動を展開した。二〇〇二年、大学卒業と同時に環境団体を立ち上げ、自分の大好きなブリティッシュ・コロンビア州北部の湖の名前をとって、「スカイフィッシュ・プロジェクト」と名づけた。

世界を楽しむ！

あの一九九二年から十年目の二〇〇二年。ぼくと仲間たちはセヴァンを日本に招いて、全国で講演ツアーを行った。二十二歳の大人になったセヴァンは、講演の中で何度も自分の子ども時代をふり返り、特に八歳の時のアマゾン奥地への旅が大きな転機になったと話してくれた。あの時以来、「本当の豊かさとは何か」という問いが私のテーマになったの、と。テレビもコンピューターもマクドナルドもないあのカヤポの村。いやそれどころか、電気や水道さえない村の子どもたちが、北米や日本の子どもたちよりも、ずっと生き生きと楽しそうに生きているのは一体なぜだろう、と。

きっと、アマゾン奥地でなくたって、もともと子どもたちというものは、「本当の豊かさとは何か」という問いへの答えを知っているのではないだろうか。川や海で遊び、森や山を歩き、魚釣りをし、お弁当を広げ、泥《どろ》んこ遊びをし、たき火をし、歌い踊《おど》り、家族や友だちとおしゃべりをし、くつろぎ、笑う。

セヴァンは特別な子だ。でもそれは彼女が好きなことを好きだといい、あたり前のことを、ウラオモテのないことばであたり前だといい、やるべきだと思ったことをすなおに実行したという意味で、特別なだけ。セヴァンは、ぼくが最初に会った子どものころから、遊ぶことが大好きだったし、それは大人になった今も変わらない。特に自然の中でのキャンプ、山登り、魚釣り、ハイキング、ボート、カヌー、カヤック、スキー、スノボ、サイクリングが大好きだ。

彼女は二〇〇二年に続き、二〇〇三年にも日本を訪れ、熊本《くまもと》の川辺川《かわべがわ》や、沖縄西表《おきなわいりおもて》島《じま》の浦内川《うらうちがわ》で大好きなカヌーを楽しんだ。その時の、うれしさで輝くような彼女の姿こそが、彼女の来日ツアーの最大のメッセージだったと、ぼくには思える。

日本各地で彼女をとり囲む子どもや若者たちから、「環境問題について私たちにできることは何か」、という質問があびせられるたびに、セヴァンはまず、こう答えるのだった。「外に出よう。そして自然から学ぶの。キャンプに行くの。公園を散歩するのよ」。彼女によれば、「生態系《せいたいけい》」とか「持続可能性《じぞくかのうせい》」とかいうむずかしいことばの本当の意味が知りたかったら、自然の中に身をおいてみるのが一番だ。教室の中だけでは、自然と自分との深いつながりは理解できないだろう。では、なぜそのつながりを理解することが必要なのか。それは、私たち人間が自然なしには生きられない存在だから。つまり、自然を大事にすることと自分を大切にすることは、結局同じことなの、と。

セヴァンは、逆に日本の子どもたちや若者たちにこう問いかけたものだ。「自分が知りもしないもののためにどうしていっしょうけんめいになれるでしょう？　愛してもいないもののために、どうやって闘える？」。そして、こうつけ加えた。自然とふれ合い、自然を楽しむのは、単なる趣味《しゅみ》じゃない。特に私たち若者にとっては、いくら要求しても足りないほどの大切な権利だと私は信じている、と。

セヴァンにとって環境運動とは決して、やりた

いことをがまんしたり、楽しいことをしないですませたりすることではない。むしろ自分が好きなこと、ホッとしてこころ安まること、うれしいこと、美しいと思うものの中にこそ、世界を今よりももっと良い場所にしていくための答えがあり、ヒントがある、と彼女は信じているのだ。そんな答えやヒントが、いっぱいにつまっている宝物箱、それが彼女にとってのアウトドアだ。だから彼女はきみたちにこう呼びかけるわけだ。

「外へ出ようよ！」

きみは、自然を守るためにぼくたちができる一番大切なことはなんだと思う？　ぼくはセヴァンという若い友だちから、その答えをもらった。それは、自然を楽しむことだって。ついでにいってしまおう。この世界のためにきみができる一番すごいことって何だと思う？　それは世界を楽しむことさ！

第七章　がんばらないで、ゆっくりと

ゆっくり歩けば、遠くまで行ける

（南米のことわざ）

手を使う、ものを作る

インド人のサティシュ・クマールさんは、自分のお母さんのことを話すのが好きだ。環境《かんきょう》問題や社会問題について考える大人のための学校「シューマッハー・カレッジ」をつくったり、雑誌「リサージェンス」を発行したりして、世界中で尊敬を集めているクマールさん。その彼《かれ》が、インドの田舎《いなか》にくらし、読み書きもできなかった母親こそ、自分にとってもっとも偉大《いだい》な先生だった、というのだ。

少年時代のクマールさんの何よりの楽しみはお母さんと一緒《いっしょ》に過ごす時間。特に、お母さんが、農場と家庭でのさまざまな仕事の合間に時間を見つけては、縫《ぬ》いものをしたり、刺繍《ししゅう》をしたりするのを見るのが大好きだった。

あるとき、お母さんは長い間かけてやっとできあがった肩かけ《ショール》を、娘《むすめ》のスラジにプレゼントした。娘、つまりクマールさんのお姉さんは大喜びして、こういった。

「素敵《すてき》なショールね、お母さん。柔《やわ》らかくて鮮《あざ》やかで。みんなが見るように、壁《かべ》の目立つところに掛《か》けておくわ。汚《よご》すといけないから着ないようにする。何かをこぼしたりしたら大変だし」（『君あり、故に我あり　依存の宣言』）

娘がこんなふうに自分の作品をほめるのを聞いて、でも、お母さんはうれしくないようだった。彼女《かのじょ》はこう答えた。肩《かた》かけは肩にかけるためのもの。壁を飾《かざ》るためじゃなくて、お前に着てもらうためのショールなのだよ、と。

お母さんによれば、美しいものは使うためにあるのだし、使うものは頑丈《がんじょう》で長もちするだけでなく、美しくなければならないのだった。クマールさんは思い出す。たしかに壁には何もかかっていなかったけれど、ぼくたちが家で使うものは家具でも道具でも靴《くつ》でもみんなしっかりとした手作りで、使いこまれ、どれも美しかったな、と。

お母さんの機嫌《きげん》をなおそうと思ったのだろう、スラジ姉さんはこう続けた。

「お母さんのお裁縫《さいほう》はとてもきれいだけど、一つのものを作るのに半年や一年、ときにはもっと長い時間がかかるわ。最近は同じことをあっという間にやってしまう性能の良いミシンがあるのよ。私が探してあげようか」

「どうして?」と聞き返す母親に、スラジは、時間を節約するために、と答えた。それを聞いたお母さんは、こんなお説教を始めた。

「時間が足りなくなるとでもいうの? ねえお前、永遠《えいえん》っていう言葉を聞いたことある? 神様は時間を作るとき、たっぷりとたくさん作ったのよ。……私にとって、時間は使い果たしてしまうものじゃなくて、いつもやって来るものなのよ。いつだって明日があり、来週があり、来月があり、来年があり、来世《らいせ》さえあるのよ。なぜ急ぐのかしら」

スラジ姉さんはまだ納得《なっとく》できないようすで、反論した。でも便利なものを使って、手間を省いて時間を節約したほうがいいんじゃない? そうすれば、もっとほかのことを、もっとたくさんできるようになるんだから、と。

お母さんはこんなふうに答えた。時間といういくら使ってもなくならないものがあるのに、それではまだ足りないといって、わざわざ使えばなくなってしまうものを使いたがっているようにしか私には思えないのよ、と。

「ミシンは金属から作られていて、世界には限られた量の金属しかないわ。それに、金属を得るためには掘《ほ》り出さなければならない。機械を作るためには工場が必要で、工場を作るには、もっと多くの有限な材料が必要なのよ。掘るということは暴力だし、工場も暴力に満ちているわ！　どれだけ多くの生物が殺され、金属を掘るため地下深く潜《もぐ》るような仕事でどれだけ多くの人が苦しまなければならないでしょう！　……なぜ自分の便利さのために、彼らを苦しめなければならないの？」

これを聞いて、スラジはやっとわかったというように大きくうなずいた。お母さんは気をよくしてさらにこんな話を続けた。

お母さんはね、針を動かしているときほどこころが休まるときはないの。でも機械にせかされるようになったらおしまい。それに、機械があれば仕事が減るなんていうのはうそだと私は思う。年に一枚か二枚のショールでよかったのに、こんどは十枚のショールをつくるためにあくせく働くことになるのがおち。そうなれば前よりずっと多くの布

が必要になるしね。「時間を節約したとしても、余った時間で何をするというの？ 仕事の喜びは私の宝物みたいなものなのよ」

本当のアーティストって、きっとこのお母さんみたいな人のことをいうんだな。さて、きみも時間がかかるのを嫌《いや》がらずに、次のようなことをやってみたらどうだろう。男か女かなんて、この際、あまり関係ない。きっときみも、働く楽しさを自分の宝物とするようなホンモノのアーティストになれるはずだ。

機械のかわりに道具と自分の手をつかっていろんなものをつくる。絵をかいても彫刻《ちょうこく》をしても大工仕事をしてもいい。畑や田んぼの手伝いをする。台所に出入りして食事の手伝いをする。針仕事をする。ぞうきんをぬっても、刺繡をしても、毛糸を編んでもいい。テレビを消して家族の団らんを楽しむ。ローソクで食事する。水筒《すいとう》に好きな飲みものをいれて、どこへでももっていく。ガーデニングを手伝う。自分で育てた野菜を食べる……。

待つ、つきそう

このぼくにとっても母親は、最も偉大な先生だったし、今もそうだ。

まだまだ寒い初春の日、もうすぐ八十五歳《さい》になる母と散歩をした。ゆっくりと、ゆっくりと、ぼくたちは腕《うで》をくんで歩く。毎年、少しずつ、でもたしかに母が歩く速度はおちてゆく。今年は去年より、来年は今年よりも、ぼくたちの散歩は遅《おそ》くなる。でもそれはただ母の体力がおちたというだけの理由ではない。母はますます散歩に熱心になっているのだ。五感を研《と》ぎすますようにして母はあたりに春の気配をさぐる。まるでこれが最後の春であるかのように。

母は一人ぐらし、今も食べものへのこだわりは昔のままで、材料選びから調理まですべてひとりでこなす。小さな台所からあっという間にすごい料理を生み出す魔術師《まじゅつし》ぶりも健在《けんざい》だ。画家としての腕前《うでまえ》も上がり続けている。仕事のスピードも上がっている。やすやすと楽しげに、作品を次々に生み出す、とはた目には見えるのだ。

でもそんな母の散歩は、ますます遅くなってゆく。しょっちゅう、立ち止まっては、背をのばし、胸を開くようにして息をととのえる。やがてまた歩き出すが、その歩みののろさといったら、立ち止まっているのと区別がつかないくらいだ。それに寄りそって歩くのは楽ではない。慣《な》れるのに時間がかかる。最初は、自分にいい聞かせながら動きにブレーキをかけ続ける。ほら、ほら、合わせなきゃいけないぞ。待つんだ。そう、ここが辛抱《しんぼう》のしどころ。やさしさの見せどころ。これぞ、親孝行《おやこうこう》……。そうやっているうちに、なんとか、うまくできるようになってくる。

しまいに、カタツムリになったような気分になる。慣れればそれも悪いものではない。カタツムリが角を立てるみたいに、ぼくも世界に向かってアンテナを立てる。いや、からだ全部がアンテナみたいだ。母とともに立ち止まっては、木のこずえに耳をかたむける。道ばたの花に見入る。ぼくと母とがこころをひとつにして、鳥のすがたをみつけ、その声を聞きわける。

やがて、ぼくのこころは懐《なつ》かしさでいっぱいになる。ぼくの娘たちがまだ小さかったころ、背負ったり、乳母車《うばぐるま》に乗せたり、手をつないだりして、のろのろ、よちよちと散歩したときのことを思い出す。からだに障《しょう》がいがあって歩けない友だちの車椅子《くるまいす》をそろ

そろと押《お》したときのことを思い出す。そればかりではない、母に手を引かれて歩いた遠い昔のことさえ思い出す。

ぼくたちはみんなそうやって、自分より遅い人たちの遅さに合わせて歩いてきたのだし、自分より速い人たちに辛抱強く寄りそってもらったのだった。そしてこれからも速さのちがうものたちと、なんとかおり合いをつけながら歩き、生きていくのだろう。ふと、年老いた自分が、娘たちやその子どもたちに手をとられて、のろのろと歩く姿を想《おも》う。そもそも、人生というのはそんなふうに、待ったり待ってもらったり、つきそったりつきそってもらったりしながら、生きていくものなのではないだろうか。

急がない、がんばらない

日本ほど、人々が互《たが》いを急《せ》かせ、自分を急かせている社会もめずらしい。「がんばろう」が、この社会の合言葉。サン・テグジュペリの「星の王子さま」がこう言っていたのを思い出す。「みんなは特急列車に乗りこむけど、いまではもう、なにをさがしているのか、わからなくなってる」。ぼくたちは自分にも人にも「がんばれ」というけど、なんのために、なにを、どう、がんばるのか、もう誰《だれ》にもわからなくなっているんだ。

親たちは、そして教師たちは、子どもたちにいったいどれだけ「急げ」とか「さっさと」とか「早く」とか言ったら気がすむのだろう。幼児、老人、障がい者など、独特の遅さをもつ人たちに対して、ぼくたちはますますいらだちをつのらせ、冷たい態度をとるようになっていないだろうか。しかしぼくたちが待てないのは他人ばかりではない。たぶん自分自身がもう待ちきれないんだ。

ぼくたちが待てないのは、人間ばかりではない。そのことは第一部でもう見たね。「より多く」「より速く」を合言葉に、まるでプラスチック製品を生産するように野菜や動物を「生産」する現代の農業や畜産業《ちくさんぎょう》では、ホウレン草の時間とか、ニワトリの時間とかをのんびり待っているわけにはいかない。地球温暖化というのも地球のペースを待ちきれないせっかち人間たちのしわざ。生きものにも、地球にとっても生きづらい世の中なのだ。

人間ががんばればがんばるほど、ほかの生きものは迷惑《めいわく》する。自分の「がんばり」がほかの人の迷惑になる。それでも「自分さえよければいい」と思うことはできた。昨日までは。だけど今では、その「がんばり」が実は自分自身をも苦しめ、人生を生きづらいものにしてしまうことが見えてきた。

だからもうがんばるのはやめよう。スローライフとは、自分のペースで生きること。自分を待ってあげること。そして、きみとともに生きるまわりの人々と、待ったり待ってもらったりする関係を大切にすること。そして自然界の時間に寄りそうように生きること。

きみにひとつの詩を贈《おく》りたい。この詩をつくったのは、脳性《のうせい》マヒという身体障がいをもつぼくの友人、宇宙塵《うちゅうじん》だ。きみががんばりすぎてつらくなったときにはこれを思い出してほしい。

「がんばらないということ」　宇宙塵

がんばらないは、楽しい。

がんばらないは、愉快《ゆかい》だ。

がんばらないは、自分の時を刻むこと。
がんばらないは、幸せだ。
がんばらないは、身体に良い。
がんばらないは、心にも良い。
がんばらないは、自分を知ること。
がんばらないは、元気だ。
がんばらないは、争わない。
がんばらないは、自然に優しい。
がんばらないは、人を傷つけない。
がんばらないは、ほんとうの「平和」。
がんばらないは、地球を愛し続けること。
がんばらないは、宇宙。
がんばらないは、私だ。

終わりに　ハチドリのひとしずく

この本を終わるにあたって、ここまで辛抱強《しんぼうづよ》くつき合ってくれたきみに、ひとつのお話を贈《おく》りたい。それは、ぼくが南米のアンデス地方に住む先住民族キチュアの友人から聞いたハチドリのお話だ。ハチドリって知ってる？　アメリカ大陸にいる体長十センチ前後の小さい鳥で、ハチのようにとぶ様子からハチドリと名づけられ、またその光に輝《かがや》く羽根が美しいので「森の宝石」とも呼ばれている。

森が燃えていました
森の生きものたちは　われ先にと逃《に》げていきました
でもクリキンディという名のハチドリだけは
いったりきたり
くちばしで水のしずくを一滴《いってき》ずつ運んでは

火の上に落としていきます
動物たちがそれを見て
「そんなことをしていったい何になるんだ」
といって笑います
クリキンディはこう答えました
「私は、私にできることをしているだけ」

この短い物語の中には、たくさんの教えがつまっている。たしかにクリキンディは、小さなからだに似合わぬ大きな勇気をもっているように見える。それにしてもなぜ、ほかの動物たちは山火事を消そうともしないで逃げ出してしまったんだろう。それは彼《かれ》らが意気地《いくじ》なしで卑怯《ひきょう》だからだろうか。

大きくて力もちのクマは、でも、幼い子グマたちを守るために避難《ひなん》したのかもしれない。脚《あし》の速いジャガーは、うしろ足で火に土をかけることに気がつかなかっただけかもしれない。雨を呼ぶことができる〝雨ふり鳥〟たちは、しかし、水で火を消せるということを知らなかっただけかもしれない。

ぼくたち人間は、すべての生きものの中で最大の力をもつようになった。ぼくたちがこの本で見てきたように、残念ながら、その力はしばしば、人間同士傷つけ合ったり、自然環境《しぜんかんきょう》を壊《こわ》したりすることに使われてきた。でも幸いなことに、人間は、問題を問題として自覚することができる。そしてその気になれば、問題を解決する方法をあみ出し、計画をたて、それを行動にうつすこともできる。みんなで力を合わせて水のしずくをたくさん集め、燃えている森の火を消すだけの能力をもっている。

環境破壊《はかい》、水不足、地球温暖化、戦争、飢餓《きが》、貧困《ひんこん》、原発の危険……。ぼくたちの生きている世界は深刻《しんこく》な問題でいっぱいだ。しかしぼくには、それらの重大な問題にもまして大きな問題があるという気がしてならない。それは、「これらの問題に対して、自分にできることなんか何もない」とぼくたちがあきらめを感じ始めていること。もしもぼくたちのうちに広がりつつあるこの無力感を吹《ふ》き払《はら》うことができたら、つまり、「いや、自分にもできることがあるんだ」と思えたら、その瞬間《しゅんかん》、ぼくたちの問題の半分はもうすでに解決しているのではないだろうか。

では、問題のあとの半分を解決するためにぼくたちにできることは何か。もちろん、ぼくには「ぼくにできること」しかできない。クリキンディが水のしずくを一滴ずつ落とすように、ぼくたちは、「自分にもできることがある」という小さな希望の芽を、周囲からの励《はげ》ましを栄養《えいよう》としながら、自分のうちに育てていくしかない。それが実を結ぶにはきっと長い時間がかかる。スローなんだ。近道はない。しかしそれでもいい。あせっちゃいけない。ゆっくりでいいんだよ。

引用・参考文献

第一部

第一章　「十二月のうた」茨木のり子（『茨木のり子詩集　落ちこぼれ』水内喜久雄選・著　理論社）
『パパラギ――はじめて文明を見た南海の酋長ツイアビの演説集』ツイアビ・岡崎照男訳（立風書房）
第二章　『モモ』ミヒャエル・エンデ（岩波書店）
『地球文明の未来学』ヴォルフガング・ザックス　川村久美子・村井章子訳（新評論）
第三章　『エンデの遺言』河邑厚徳・グループ現代（日本放送出版協会）
「とも食いというテロリズム」ヴァンダナ・シヴァ（『週刊金曜日』二〇〇二年十二月六日号）
第四章　「花のかず」岸田衿子（『いそがなくてもいいんだよ』童話屋）
「南の絵本」岸田衿子（『いそがなくてもいいんだよ』童話屋）

『星の王子さま』サン・テグジュペリ（岩波書店ほか）
『生命の聖なるバランス』デイヴィッド・T・スズキ（柴田譲治訳、日本教文社）
『パワー・オブ・タッチ』フィリス・K・デーヴィス（三砂ちづる訳、メディカ出版）
『「モモ」と考える時間とお金の秘密』境毅（書肆心水）

第二部
第一章
「Call Me Sloth」アンニャ・ライト（CD『スローマザーラブ』ナマケモノ倶楽部）
『スローフードな日本！』島村奈津（新潮社）
第二章
『スローフードな人生！』島村菜津（新潮社）
「なぜ若者は農のある暮らしをめざすのか」結城登美雄・辻信一（現代農業増刊号『青年帰農』2002年8月）
『ファーブルの昆虫記』ファーブル・大岡信編訳（岩波少年文庫）
第三章
「なんにもない」谷川俊太郎（『空に小鳥がいなくなった日』サンリオ出版）

『経済成長がなければ私たちは豊かになれないのだろうか』ダグラス・ラミス（平凡社）
第四章　『考え、売ります』ダグラス・ラミス（平凡社）
Alice Walker "We Alone" in "Anything We Love Can Be Saved"
『経済成長神話からの脱却』クライヴ・ハミルトン・嶋田洋一訳（アスペクト）
第五章　Cat Stevens Where Do the Children Play?
『遊びと日本人』多田道太郎（角川書店）
第六章　『あなたが世界を変える日』セヴァン・カリス＝スズキ（学陽書房）
第七章　『君あり、故に我あり　依存の宣言』サティ・クマール　尾関修・尾関沢人訳（講談社学術文庫）
終わりに　『ハチドリのひとしずく　いま、私にできること』辻信一監修（光文社）
『私にできること　地球の冷やしかた』辻信一監修（ゆっくり堂）

全体を通して参考にした本

『スロー・イズ・ビューティフル』辻信一（平凡社）
『スローライフ　100のキーワード』辻信一（弘文堂）
『スロー快楽主義宣言』辻信一（集英社）

ちくまプリマー新書043
「ゆっくり」でいいんだよ

二〇〇六年九月十日　初版第一刷発行
二〇二三年四月二十日　初版第九刷発行

著者　辻信一（つじ・しんいち）

装幀　クラフト・エヴィング商會
発行者　喜入冬子
発行所　株式会社筑摩書房
東京都台東区蔵前二－五－三　〒一一一－八七五五
電話番号　〇三－五六八七－二六〇一（代表）

印刷・製本　株式会社精興社

ISBN978-4-480-68745-6 C0295 Printed in Japan